AF155463

Wilhelm Joest

Spanische Stiergefechte

eine kulturgeschichtliche Skizze

Wilhelm Joest

Spanische Stiergefechte
eine kulturgeschichtliche Skizze

ISBN/EAN: 9783742870209

Hergestellt in Europa, USA, Kanada, Australien, Japan

Cover: Foto ©ninafisch / pixelio.de

Manufactured and distributed by brebook publishing software
(www.brebook.com)

Wilhelm Joest

Spanische Stiergefechte

Spanische
Stier-
Gefechte.

von

Wilhelm Joest.

Lith.Anst.v.C.L.Keller,Berlin S.

BERLIN

VERLAG VON A. ASHER & CO.

Espada zum Todesstoss ausholend.

SPANISCHE

STIERGEFECHTE.

EINE KULTURGESCHICHTLICHE SKIZZE

von

WILHELM JOEST.

PAN Y TOROS!
PANEM ET CIRCENSES!

BERLIN.
VERLAG VON A. ASHER & Co.
1889.

Druck von H. S. Hermann in Berlin.

„Wie kann ein gebildeter Mann Vergnügen daran finden, entweder irgend einen thörichten Menschen von einem wilden Thier zerrissen, oder ein edles Thier vom Speer durchbohrt zu sehen?"

Cicero, Fam. VII. 1.

Erklärung der Tafeln.

Die Lichtdrucke sind nach englischen Photographien angefertigt, die ich in Gibraltar käuflich erwarb. Dieselben stellen Szenen aus der *Plaza* von Algeciras dar, einem kleinen, Gibraltar an der gleichnamigen Bucht gegenüberliegenden spanischen Flecken. Die Amphitheater der grösseren spanischen Städte sind natürlich unvergleichlich grossartiger, indess wird gerade durch diese Grösse eine photographische Aufnahme, wenn auch nur irgend eines Theils der *Plaza* sehr erschwert, da man nicht gut vom Photographen verlangen kann, dass er mit seinem Apparat in der Arena selbst Stellung nehme. Spanische Momentaufnahmen von Stiergefechten habe ich nicht zu Gesicht bekommen. Immerhin dürften die vorliegenden Lichtdrucke genügen, dem Leser die Vorstellung einiger Phasen eines jeden Stiergefechts zu erleichtern. Den Mangel künstlerischer Vollendung, dem nicht abzuhelfen war, ersetzen sie durch die Treue und Wahrhaftigkeit der Darstellung, eine Treue.

die selbst von dem mit dem besten Willen beseelten Zeichner nie erreicht werden kann.

Die Tafeln stellen die drei aufregendsten Augenblicke des Stiergefechts dar:

Tafel I.

Espada zum Todesstoss ausholend.

Der Stier, dem zu jeder Seite des Nackens 3 *Banderillas* herabhängen und der mit den Hinterbeinen auf ein getödtetes Pferd tritt, steht unschlüssig dem *Espada (Matador)* gegenüber, der mit der Linken den rothen Lappen, die *Muleta*, vorstreckt, um die Aufmerksamkeit des Stiers auf diese zu lenken und mit dem Degen in der Rechten nach der durch die Regeln der Tauromachie genau vorgeschriebenen Stelle im Nacken des Stiers zielt, durch welche er ihm in der nächsten Sekunde den Todesstoss ins Herz oder in die Lunge versetzen wird.

Hinter dem Espada stehen 3 *Chulos* bereit, im Falle einer unvorhergesehenen Bewegung des Stiers oder eines verfehlten Stosses des Espada, die Aufmerksamkeit des ersteren durch ihre rothen Mäntel wieder so lange auf sich zu ziehen, bis Letzterer aufs Neue Gelegenheit findet, den tödtlichen Stoss zu führen.

Tafel II.

Picador.

Der Stier hat soeben seinen ersten Angriff gegen den *Picador* vollführt und ist dabei durch die mit einer kaum

Banderillero.

zolllangen Spitze versehene Lanze des Letzteren zurück-
gewiesen worden; aus seinem Nacken, in dessen linke
Seite man ihm bei seinem Eintritt in die Arena eine
an einem Widerhaken befestigte grosse seidene Rosette
gestossen hat, rieselt Blut. Unschlüssig und verblüfft steht
er mit offenem Maule vor dem Pferde, dem er im nächsten
Augenblick bei der leisesten Bewegung des Picador den
Gnadenstoss versetzen wird.

Das Pferd ist schwer verwundet und kaum noch im
Stande, sich auf den Beinen zu halten; Knechte in rothen
Jacken prügeln, stossen und quälen dasselbe darum, damit
der Stier zum Angriff übergehe, ehe es zusammensinkt.

Links im Hintergrunde erwarten der zweite und dritte
Picador den Stier; die Augen der Pferde sind verbunden.
Rechts oben sieht man die Loge des Präsidenten.

Tafel III.

Banderillero.

Der Stier, dem soeben von dem rechts hinter ihm
stehenden *Banderillero* 2 *Banderillas* in den Nacken gestossen worden sind, die nach beiden Seiten wagerecht
herabhängen, sieht zu seiner Ueberraschung einen zweiten
Peiniger mit denselben verzierten Widerhaken auf sich
zukommen. Da er noch frisch ist, wird er sofort auf den
Banderillero losstürzen, welcher in demselben Augenblicke,
in dem er, dem Stosse des Stiers ausweichend, zur Seite
springt. diesem das zweite Paar Banderillas über den Kopf

weg in den Nacken stossen wird. Der grossen Rosetten, die dem Stier schon im Fell stecken, achtet derselbe gar nicht mehr, seine ganze Aufmerksamkeit ist auf den herantänzelnden Banderillero gerichtet.

Im Vordergrunde ein verendendes Pferd.

Die Figur auf dem Umschlag stellt den heute berühmtesten und vergöttertsten *Espada* Spaniens, Salvador Sanchez, genannt „Frascuelo", dar. Die Zeichnung wurde von Herrn Maler Preissler in Dresden nach einem in Spanien veröffentlichten Bildniss Frascuelo's angefertigt.

Ueber spanische Stiergefechte ist von Nichtspaniern schon viel geschrieben worden; ein Verzeichniss der von Spaniern über dasselbe Thema verfassten Bücher und Abhandlungen würde mehrere Bände füllen. Während in letzteren vorwiegend technische, auf das praktische Stierfechten bezügliche Fragen behandelt werden, begnügt sich der Ausländer meist mit einer, seiner Subjektivität entsprechend entweder lobend oder tadelnd gehaltenen Schilderung der von ihm gesehenen Gefechte, um daran seine Bemerkungen über diese blutigen Volksfeste im Allgemeinen zu knüpfen. Die Zahl solcher Schilderungen ist, wie gesagt, eine sehr grosse und jährlich wachsende, — sie soll durch vorliegende kleine Abhandlung durchaus nicht vergrössert werden.

In ihr soll vor Allem der Ethnograph, der — wenn ich so sagen darf — Kulturkritiker zu Wort kommen, denn wenn irgend eine Eigenthümlichkeit eines Volkes im höchsten Grade bezeichnend für den Kulturstandpunkt desselben ist, so sind es seine Feste. Ebenso charakteristisch wie für die Kultur etwa der alten Römer die Gladiatorenkämpfe, die freiwilligen oder erzwungenen Einzel- und Massengefechte zwischen Menschen und wilden Thieren oder zwischen Thieren allein sind, gerade so ist eine Besprechung der Stiergefechte und die Beleuchtung des ganz aussergewöhnlichen Einflusses derselben auf das äussere Thun und Treiben, dann auf das ganze Geistesleben des modernen Spaniers für ein richtiges Verständniss des Landes und seiner Bewohner einfach unentbehrlich.

Dass auch heute noch — abgesehen von Spanien — bei zahlreichen mehr oder minder zivilisirten Völkern der Welt Kämpfe zwischen Thieren oder solche von wilden Thieren mit Menschen vielfach beliebt sind, dürfte allgemein bekannt sein. Die verbreitetsten der ersteren sind die Hahnenkämpfe. Ich sah die besten dieser den Europäern wenig interessirenden Schaustellungen in Cuba und Manila. Der richtige Tagale, also der christianisirte malayische Bewohner Luzon's, dieser Perle der Philippinen mit der Hauptstadt Manila, ist ohne seinen Hahn, den er sorgsam, viel sorgsamer wie etwa bei uns eine Amme das ihr anvertraute Baby stets auf dem Arme trägt, gar nicht denkbar; von seinem Liebling ist er unzertrennbar und ihm opfert er, auch wenn er gerade durch ihn Alles verloren hat, was er besitzt, lieber Weib und Kind, ehe er sich von ihm scheidet. Diese Hahnenkämpfe („Alektryomachien" nannten sie die alten

— 7 —

Griechen, die diesen Zeitvertreib ebenso gut kannten*) wie
die späteren Römer) in Asien und Amerika gehören zu
den wenigen Eigenthümlichkeiten, welche die alten Spanier
in den von ihnen eroberten Ländern vorfanden und die
sie, als ihnen selbst ungemein sympathisch, nicht aus-
rotteten, sondern mit ihren eigenen Gebräuchen ver-
schmolzen, um dieselben bis auf unsere Zeit zu erhalten.
Ich habe während mehrerer Jahre sämmtliche Länder bereist,
in denen die Spanier Kolonien gegründet und besessen
haben, und dabei gefunden, dass beinahe das Einzige, was
dieselben nach Jahrhunderte langer Tyrannei, abgesehen von
der Sprache, nachdem sie Tausende und Millionen der Ur-
einwohner in Frohndiensten dahingemordet oder in *Autos
da fé* zu Tode geröstet; nachdem sie die alten Götzen
zertrümmert und an deren Stellen Hunderte unter einander gänzlich verschiedene Jungfrauen Maria aufgestellt;
nachdem sie jede schriftliche oder bildliche Spur der über-
seeischen Kultur, die oft die der Konquistadoren bedeutend übertraf, ebenso wie die Träger derselben, ver-
brannt hatten; nachdem sie sich dann endlich mit den
Resten der von ihnen Unterworfenen körperlich und geistig
assimilirten, dass sie da heute, wo sie theilweise aus

*) Themistokles soll nach seinem Siege über die Perser
jährlich zu feiernde Hahnenkämpfe eingerichtet haben;
die Thiere wurden, um sie anzureizen, mit Knoblauch ge-
füttert. Man wettete in Griechenland damals ebenso munter
wie heute in Manila.

ihren früheren Besitzungen wieder vertrieben sind, als
einziges Resultat dieser Verschmelzung und als einzigen
Rest der ehemaligen Kultur nur die Liebhaberei für Thiergefechte, Hahnen- und Stierkämpfe zurückgelassen haben.

Der grösste Schönredner Spaniens, der Deutschenfresser
Don Emilio Castelar sagt allerdings an irgend einer
Stelle seiner zahllosen Werke: „Ist der Beruf Spaniens erfüllt,
nachdem es Amerika mit dem Lichte der Zivilisation
erleuchtet? Keineswegs! zu unseren Füssen befindet sich
Afrika! Seine ungeheuren Gefilde lechzen nach dem
himmlischen Thau, nach der göttlichen Wahrheit, die die
Welt befruchtet; Gott hat es Spanien und der spanischen
Zivilisation genähert, damit auf dasselbe der Regen seines
Lebens falle. (?) Wenn wir diesen grossen, uns von der
Vorsehung auserwählten Beruf vergessen wollen, erinnern
uns daran die Beleidigungen der Barbaren und ihr Geheul."*)

---

*) „Nuestro destino en Africa" entnommen der 1. Nr.
der „Spanisch-deutschen Revue". Madrid, 1. Nov. 1887.
Die „Norddeutsche Allgemeine Zeitung" brachte im
vorigen Jahre eine Reihe von Weisheitssprüchen, die ein
Freund des Blattes in Mexiko in einem Jahre aus den im
„Monitor republicano", einer mexikanischen Zeitung, er-
schienenen Artikeln des edlen Don Emilio zusammen-
gestellt hatte. Ich kann nicht umhin, dem geehrten Leser
einige Proben dieses modern spanischen Kulturfutters mit-
zutheilen.
Von den Bulgaren und deren Nachbarn sagt er:

Nun ich werde mich nicht scheuen, gegen gewisse Vorgänge bei den modernen Stiergefechten in jenem „Lande der Zivilisation" mein „Barbarengeheul" zu erheben.

———— —

„Die Bulgaren, ein slavisches Volk, stark gemischt mit germanischem Blute;"

„Die Bulgaren, die Russen und die Türken suchen Rache für die germanischen Grausamkeiten." Ferner:

„Die Rumänen, eine spanisch-romanische Rasse;"

„Die alte Zivilisation der Serben und Montenegriner." Kommt die Rede auf die Deutschen, so wird der alte Herr schlimmer, dann spricht er von „Dem gefrässigen Adler mit den zwei Köpfen;"

„Die starren babylonischen Reiche, ähnlich dem Deutschen Reiche;"

„Es (Deutschland) nähert sich dem vielbegehrten Kolonialschatz der Holländer, von dem er (Bismarck) träumt in den eisigen Nächten der düsteren Steppen seines trostlosen Pommerns;"

„Die feudale Räuberhorde, welche man den Deutschen Orden nennt;"

„Die Mediatisirung der Souveraine von Hannover und Braunschweig." Nicht übel ist endlich auch der Schluss:

„Ausser den politischen und sozialen Bedingungen zur Kolonisirung fehlen Deutschland auch die geographischen — Deutschland hat keine Küsten — und kann daher auch niemals tüchtige Seeleute haben, die nur im ewigen Getöse der Winde und der Wellen erzogen werden."

In der Kolonialpolitik ist Castelar eben recht bewandert. so spricht er von einer

„Kolonisirung Australiens durch die Amerikaner."

An anderer Stelle heisst es:

Um auf die Hahnenkämpfe zurückzukommen, so ermangelt die ausserordentliche Wuth, mit der diese Thiere, die sich nie vorher gesehen und sich nichts zu Leide gethan haben, auf einander loshacken, nicht einer gewissen Komik.

Ein Hahn ist einmal ein Krakehler und als Thier steht er unserem Herzen nicht nahe — höchstens wenn er todt und gebraten ist; Sympathie hegen wir für ihn weiter keine.

Viel interessanteren Thierkämpfen, denen sogar ein gewisses ethisches Moment nicht abzuerkennen ist, weil das schwächere oder uns sympathischere Thier beinahe ausnahmslos aus denselben als Sieger hervorgeht, wohnte ich verschiedentlich in Java bei.

Vollkommen harmlos und sehr unterhaltend sind allerdings dort zunächst die Einzelgefechte zwischen Schafböcken. Man stellt diese hübschen, starken Thiere in der Entfernung von etwa 12 Schritt gegen einander auf, lässt die sich ungestüm vordrängenden auf Kommando gleichzeitig los und

„Die deutsche Philosophie ist eine Tochter der arabischen, sowie auch die deutsche Musik auf die arabische zurückzuführen ist."
Wir können hier auf all das abgeschmackte Zeug, das Herr Castelar im Laufe der Jahre über Deutschland zusammenredet und schreibt, nicht weiter eingehen, möchten aber doch die gebildeten Spanier bitten, sich darüber klar zu werden, dass die Zeit der Don Quijotes vorüber ist.

nun stürmen beide wie wahnsinnig auf einander zu; im
Moment des Zusammenstosses erdröhnen die Schafsköpfe,
dass man glauben sollte, sie seien zu Atomen zerschmettert,
aber die Besitzer scheinen gar nichts zu empfinden. Beide
schreiten, ohne sich aus den Augen zu verlieren, sofort
wieder 5—6 Schritte rückwärts um dann von Neuem zum
Angriff überzugehen. Dieses Aneinanderprallen von Stirn
gegen Stirn dauert so lange, bis Einem der beiden
Kämpfenden die Sache leid wird. Er scheint zu denken:
der Klügere giebt nach; er macht kurz Kehrt und marschirt
ab, als sei nichts vorgefallen. Der Gegner ist auch sofort
versöhnt und oft beginnen Beide, die eben noch wüthend
mit einander kämpften, gemeinschaftlich zu grasen.

Auch bei diesen Gefechten wird, wie bei den Hahnenkämpfen, vom Publikum hoch gewettet.

Bedeutend spannender wie diese sind dagegen die
Kämpfe zwischen Büffeln (Karbau) und Königstigern. Die
Tiger, die sich zahllos in den Niederungen von Java herum-
treiben, werden in starken Bambusfallen gefangen und in
denselben nach dem Orte gebracht, wo der Kampf stattfinden soll. Meist ist es die Residenz eines der eingeborenen
javanischen oder sundanesischen Fürsten bezw. Häuptlinge,
der seine Unterthanen, wenn man dies Wort bei der
Schattenherrschaft, deren sich diese *Hoofden* unter dem
holländischen Regime erfreuen, noch anwenden darf, bei Gelegenheit seines Geburtstages, einer Hochzeit, einer etwaigen
Standeserhöhung u. dgl. als Gäste zu diesem bisweilen recht

kostspieligen Vergnügen einladet. Man sagt sogar, die
holländische Regierung liebe es, eingeborenen Häupt-
lingen, die zu reich und dadurch gewisser Unabhängig-
keitsgelüste verdächtig würden, durch Standeserhöhungen,
etwa vom *Radèn Tumenggung* zum *Radèn Adipáti*, oder gar
Pangèran in die Zwangslage zu versetzen, grosse Festlich-
keiten zu veranstalten, um denselben auf diese ebenso
billige wie praktische Weise Gelegenheit zu geben, sich
ihres überflüssigen Geldes zu entledigen.

Auf dem *Alun-Alun*, dem grossen, von uralten Waringin-
Bäumen umsäumten, freien Platze, der sich vor jeder Woh-
nung eines eingeborenen Häuptlings vom Dorfschulzen bis
zum Sultan und Kaiser befindet, ist ein verdeckter Verschlag in der Form unserer runden, kuppelförmigen
Vogelkörbe errichtet: dicke, starke Bambusstämme mit
Zwischenräumen, die ein Entkommen selbst des ge-
schmeidigsten Tigers vereiteln, während sie einen freien
Einblick in das Innere des Baus gestatten, vertreten die
Drähte des Vogelkorbs. Hier grast ruhig und unbesorgt
ein kräftiger Büffel, jenes unentbehrliche Hausthier oder
vielmehr jener unzertrennliche Freund des Javanen.

Man schiebt den Käfig mit dem gefangenen Tiger an
eine Fallthür des Bambusbaus heran, öffnet dieselbe und
lässt den Tiger gegen seinen gefährlichsten und gefürch-
tetsten Feind, den Büffel los.

Der Tiger, den der Javane ebenso hasst, wie er den
Karbau liebt, — sieht er doch im letzteren, dem stillen, ge-

duldigen, abgearbeiteten Thiere sein eigenes Ebenbild, während er in dem starken, blutsaugenden Raubthier seinen Herrn und Gebieter, den ihm äusserst wenig sympathischen Holländer personifizirt glaubt — wird auf dem Transport nicht allzu gut behandelt, zumal lässt man ihn Durst leiden, so dass er oft nicht die geringste Lust zeigt, seinen engen Käfig zu verlassen und mit seinem Gegner anzubinden.

Da wird nun mit Mitteln nachgeholfen, die vollständig den bei Spaniens Stiergefechten zur Verwendung kommenden entsprechen: Ermuntern durch brennendes Stroh; Unterlegen zischender Raketen; Stechen mit Lanzen und Begiessen der Wunden mit einer Abkochung von spanischem Pfeffer werden nicht gespart. Geht der Tiger endlich zum Angriff über oder merkt der Büffel, dass sein Gegner Ernst macht, so bietet er ihm die Stirn, und drückt ihn mit gewaltiger Kraft zu Boden oder an die Wand, dass sämmtliche Knochen der grossen Katze krachen. Ein Hochnehmen und Durchspiessen des Gegners, wie es europäische Stiere thun, ist dem Büffel wegen der flach anliegenden und nach hinten sich erstreckenden Hörner meist nicht möglich; ein Tiger indess, der nur einen einzigen Stoss vom Karbau bekommen hatte und der mit keinen Mitteln mehr zum Aufstehen zu bewegen war, so dass ich ihn schliesslich durch einen Lanzenstich ins Herz tödtete, zeigte später beim Skelettiren sämmtliche Rippen der linken Seite gebrochen!

Ich habe Büffel gesehen, die in ungefähr 5 Minuten zwei mächtige Königstiger tödteten oder wenigstens vollkommen kampfunfähig machten und die sich dann mit dem grössten Phlegma, wenn auch aus verschiedenen Wunden blutend, von einem kleinen nackten 5jährigen braunen Bengel an dem Ring, mit dem ihre Nasen durchbohrt sind, aus dem Bambusbau herausführen liessen und gemüthlich saftiges Zuckerrohr und andere Leckerbissen, die ihnen die erfreuten Javanen brachten, zu verzehren begannen.

Eine andere Art von Tigergefecht (*rampog*) auf Java, das mehr an unsere Stiergefechte erinnert, dem ich aber jemals beizuwohnen keine Gelegenheit hatte, ist folgende: Ein Verschlag oder Käfig mit einem gefangenen Tiger oder vielmehr in diesem Fall, meist einem Panther, ist ringsum von einem aus drei Gliedern bestehenden Kreise von Javanen, Kriegern und Liebhabern umgeben, die sämmtlich mit starken Lanzen bewaffnet sind. Durch die oben genannten Mittel wird das Thier bewogen, seinen Käfig zu verlassen. Dasselbe, sofern es nicht gerade überreizt ist, sucht sich dann in der Regel durch einen Satz aus dem Kreis der ihn umgebenden Männer zu retten, wird aber im Sprunge von den Lanzen der letzteren aufgefangen. Greift er dagegen die ihn umgebende lebende Mauer an, so ist sein Tod ebenso sicher. Zuweilen werden auch mehrere Panther auf einmal losgelassen — bei Tigern ist man vorsichtiger. Unglücksfälle kommen selten vor.

Früher fochten auch einzelne Javanen gegen Tiger, meist nach Art eines Gottesgerichtes bei Klagen u. dergl., und zwar durfte der Mann nur mit einem stumpfen Dolch bewaffnet sein. Gelang es ihm, den Tiger zu tödten, so galt er für unschuldig.

Bedeutend harmloser sind wiederum Thiergefechte, denen ich mehrmals in den Sundaländern beiwohnte und deren Leitmotiv dasselbe wie bei den Kämpfen zwischen Büffel und Tiger ist. Als solche sind beliebt: Gefechte zwischen Wildschweinen und Ziegenböcken. Die Böcke sind mit einer an die Hörner oberhalb der Stirn befestigten scharfen Stahlspitze bewaffnet, mittelst welcher sie die stärksten Eber, denen sie meist schon bei Beginn des Gefechts die Augen ausstechen, rasch kampfunfähig machen. Nicht weniger merkwürdig sind Kämpfe (in Käfigen) zwischen Affen und zahmen Gänsen. Hier müssen letztere natürlich Sieger bleiben. Die Gänse richten die Affen durch Bisse und zumal Flügelschläge denn auch übel zu; sucht der Affe sich durch Sprünge oder Anklammern an der Decke des Käfigs zu retten, so beisst ihn die Gans in den Schweif und lässt nicht nach, bis der Gegner todt oder bewusstlos ist.

Nicht nur Tauben und Wachteln*) lassen die Asiaten mit einander in blutigen Gefechten, bei denen wieder stark

---

*) Auch die alten Griechen unterhielten sich mit Wachtelkämpfen.

gewettet wird, kämpfen, sondern sogar Grillen und Heimchen müssen dem Menschen zur Befriedigung dieser eigenthümlichen Leidenschaft dienen. Das merkwürdigste aber sah ich in Siam, wo kleine, kaum zolllange und beinahe bis zur Durchsichtigkeit dünne Fischlein in niederen Schüsseln ebenso erbittert mit einander fochten, wie etwa Schwertfische im Ozean. Mehrmals bekamen wir dort kein Mittagessen, weil die Diener, ihre letzten Groschen verwettend, über dem Fischduell die ganze Welt um sie herum vergessen hatten.

Reiche Könige und Fürsten in Indien, Kambodja oder Siam lassen zuweilen auch Elephanten und Rhinozerosse — um wieder zu den Vierfüsslern zurückzukehren — mit einander kämpfen. Gefechte solch mächtiger, schwerfälliger, äusserlich kaum verletzbarer Thiere sind indess weder schön noch interessant. Die Dickhäuter sterben meist an inneren Verletzungen. —

Nach dieser Abschweifung möge es erlaubt sein zu den Stiergefechten in der iberischen Halbinsel zurückzukehren, bilden dieselben doch das geistige Band zwischen Spanien und jenen anderen mehr oder minder unzivilisirten Ländern. „Somos algo atrasados,“ „Wir sind etwas in der Kultur zurückgeblieben,“ sagte mir kürzlich ein vernünftiger Spanier, mit dem ich über die Sitten und Zustände in seinem Vaterlande redete.

Es muss hier nun vor Allem von vorne herein betont werden, dass Stiergefechte heute ganz allein das einzig

Charakteristische für Spanien und die Spanier sind. Sie sind „spanisch" par excellence, spanischer wie die Bilder eines Murillo, spanischer wie die Alhambra, der Escorial oder die Kathedralen, denn ein Murillo bleibt stets ein Murillo, gleichviel, ob er im Museum zu Madrid oder Berlin hängt; die Alhambra ist maurisch; der Escorial gräko-romanisch und die Kathedralen sind gothisch, aber die Stiergefechte sind specifisch spanische und nur in Spanien mögliche *Fiestas nacionales*. „Das Stiergefecht ist das Einzige, was das spanische Volk heute als ausschliessliches und unveräusserliches Eigenthum errungen und sich bewahrt hat,"*) sagt stolz und in vollem Ernst ein Spanier zur Vertheidigung und Entschuldigung dieser blutigen Volksfeste.

Derselbe hat durchaus recht, er hat nur vergessen hinzuzufügen: „es ist die herrlichste Kulturgabe, mit der Spanien seine einstigen und jetzigen Kolonien beglückt hat." denn nur im einst spanischen Amerika oder in Cuba kann man heute ausserhalb Spaniens Stiergefechte sehen, die einigermassen an die vaterländischen erinnern. Ist es doch gerade das Publikum, das dem echt spanischen Stiergefecht sein eigenartiges Gepräge verleiht. In der Arena arbeiten vielleicht 20—30 Menschen, im Amphitheater aber jauchzen diesen Wenigen Tausende und Abertausende, deren einziges Denken und Trachten Tag und Nacht ausschliesslich auf die Stiergefechte gerichtet ist. bei ihrem

*) La Lidia. Madrid 1886 p. 5.

2

blutigen Handwerke zu. Das portugiesische Stiergefecht ver-
hält sich zum spanischen, wie Selterswasser zu perlendem
Champagner und die Versuche, das Stiergefecht gar im
Norden von Europa einzuführen, sind, wie nicht anders zu
erwarten war, kläglich gescheitert. Wohl ist es der Bade-
verwaltung von Spa gelungen, neben ihren Tripots und
Schönheitskongressen auch eine Art von zahmen Stiergefechten in diesem Jahre in Szene zu setzen; ein ähnliches
Unternehmen in Scheveningen scheiterte an dem Wider-
stand des Thierschutzvereins im Haag, aber wie konnte man
nur an die Möglichkeit des Erfolgs dieser wenn auch nur
zahmen Gefechte vor einem Publikum — abgesehen von
einigen wenigen Vertretern des internationalen Christen-
und Judenthums — von Holländern, Flamländern und
Wallonen denken? Nur in Spanien findet sich das wahre
Stiergefechts-Publikum, unter welchem sich für den nicht-
spanischen Beobachter gerade die interessantesten Szenen
des ganzen Stücks abspielen; ein Paar spanische Stiere
und Stierkämpfer kann sich jeder Unternehmer nach irgend
einem Theile der Welt verschreiben — ein Stiergefecht
wird solche Schaustellung darum noch lange nicht! Selbst
unter den, abgesehen von den Portugiesen, nächsten Nachbarn der Spanier, den Nordafrikanern und Südfranzosen
haben sich Stiergefechte nicht einbürgern können — sie sind
und bleiben eben spanische Nationalfeste.

Was meine Berechtigung als Verfasser dieser kleinen
Abhandlung zu einem lobenden oder tadelnden Urtheil

über spanische Stiergefechte betrifft, so erlaube ich mir zu
bemerken, dass ich mich durch langjährigen Aufenthalt in
Südamerika und Westindien, sowie durch eine im vorigen
Jahr unternommene Fahrt durch Spanien, auf welcher ich
jede Gelegenheit, — und diese bietet sich dort ein oder zwei
Mal wöchentlich, — benutzte, Stiergefechten beizuwohnen,
zu einem Urtheil über dieselben vollkommen berechtigt
glaube. Ich habe die besten *Espadas* der Jetztzeit: *Frascuelo*,
Lagartijo, *Mazzantini* und *Espartero*)* auftreten gesehen
und möchte mir in Folgendem nur erlauben, die Stiergefechte kurz vom kulturgeschichtlichen und volkswirth-
schaftlichen Standpunkt aus zu behandeln. —

Ueber das Alter der Stiergefechte in Spanien fehlen
irgend welche bestimmte Nachrichten. Eine missver-
standene Stelle bei Livius hat mehrfach Veranlassung zu
der Behauptung gegeben, die „Taurilia", Stiergefechte, seien
seit undenklichen Zeiten in Rom beliebt gewesen und von
dort nach Spanien verpflanzt worden.

Das scheint aber durchaus nicht der Fall zu sein. Die
betreffende Stelle im Livius (XXXIX. 22) lautet: „Per eos
dies, quibus haec ex Hispania nuntiata sunt, ludi Taurii
per biduum facti religionis causa," d. h. „in jenen Tagen

---

*) Nach welchen deren verschiedenen Anhänger sich
wieder in *Frascuelistas, Lagartijistas* u. s. w. trennen, die
sich eben so eifrig und eifersüchtig befehden, wie etwa bei
uns die mehr oder minder bevorzugten Verehrer rivali-
sirender Theaterprinzessinnen.

ums Jahr 186 vor Christi Geburt), in welchen diese (vor-
hergehenden) Nachrichten aus Spanien einliefen, wurden
(in Rom) zwei Tage lang aus einer religiösen Veranlassung
„Taurische Spiele" gefeiert". Diese „ludi Taurii" (die mit
dem Wort „taurus", „Stier" wahrscheinlich nichts zu thun
haben, sondern vielleicht [nach Varro r. r. II. 5] von
„taurcus, taurus", „unfruchtbar", abzuleiten sind, weil
dabei den Göttern der Unterwelt unfruchtbare Kühe ge-
opfert wurden] werden von S. P. Festus (D. V. S. XVIII. 562)
und seinem Bearbeiter Paulus Diaconus (p. 350) erklärt:
„Taurii appellabantur ludi in honorem deorum inferorum
facti, instituti regnante Tarquinio": ebenso Varro (L. L. 543.
154): „ibi quoque (in circo Flaminio) ludis Tauriis equi
circum metas currunt," wo sie also als einfache Pferde-
rennen dargestellt werden. Allerdings giebt Varro hier
zu, dass der Name „Taurii" auch von den Stierhäuten
abgeleitet werden könnte, auf welchen die Knaben bei den
mit dem Opfer verbundenen Spielen, getrieben mit einer
rindsledernen Peitsche (taurica) zu stehen gezwungen
waren.*) Interessant ist indessen diese Stelle bei Livius
dennoch, weil einige Zeilen weiter berichtet wird, dass
bald darauf ein M. Fulvius zur Feier seines griechischen
Feldzugs in Rom Feste gegeben habe, bei denen zum
ersten Mal Kämpfe (venationes) von oder mit Löwen

---

*) Pauly. Real-Encyklopädie der klassischen Alter-
thumswissenschaft.

und Panthern stattfanden. Pompejus veranstaltete später
eine *renatio*, bei welcher 5—600 Löwen, 10 Elephanten
und 410 andere wilde Thiere mit einander kämpften.
Ueber Kämpfe von Elephanten mit Rhinozerossen; von
diesen beiden Dickhäutern mit Stieren und Bären; von
Gefechten zwischen Tigern, Löwen, Bären, sogar Kameelen
(letztere später auch in Spanien beliebt), Ebern, Stieren u. s. w.
berichten zumal Dio Cassius,*) Martial (spect. 9. 17.
18. 19. 22.) und Plinius (VIII. 7).

Wir können mit Bestimmtheit annehmen, dass man
um jene Zeit in Spanien noch keine den heutigen irgendwie ähnelnde Stiergefechte kannte; Martial würde dieselben
sonst sicherlich erwähnt haben.**) Gefechte von Gladiatoren,
Sklaven, die für „unrühmliches Blutgeld" ihr Leben aufs
Spiel setzten, dann aber auch von Liebhabern — *Aficionados*
nennt sie der heutige Spanier — mit wilden Thieren begannen sich dagegen zumal in der späteren Kaiserzeit grosser
Beliebtheit in Rom zu erfreuen.***) Je tiefer der Verfall,

---

*) LI. 22; LV. 27; LXXVII. 6; LIII. 27; LX. 7;
LXXVI. 1.

**) Vergl. hierüber Manuel Martinez Rueda. *Elogio de
las Corridas de Toros*. Madrid 1831. in „Quarterly Review".
Vol. 62 No. 124 p. 387. London 1838, eine sehr interessante,
leider schwer zugängliche Arbeit, der ich manche Notiz
entnommen habe.

***) Mart. de Spect. 8. 11. 15. 21. 23; Dio Cassius LXXVIII. 21.

desto glänzender und blutiger waren die *venationes.* Martial Spect. 6) berichtet sogar von einem römischen Mädchen, das einen Löwen in der Arena tödtete: auch Hadrian bereitete sich höchst eigenhändig dasselbe Vergnügen und Commodus, der sich mehr um den Zirkus wie um seine Regierungsgeschäfte kümmerte — gerade wie 1500 Jahre später sein spanischer Kollege Philipp IV. — tödtete alle möglichen wilden Thiere im Zirkus, mit Ausnahme von Stieren, wie Herodian ausdrücklich hervorhebt.

Die ersten Stierkämpfer, von denen uns berichtet wird,*) waren die Thessalier, obgleich dieselben sich im Allgemeinen mehr mit dem Bändigen und Zähmen der Thiere beschäftigt, wie sich in eigentliche Kämpfe mit denselben eingelassen zu haben scheinen. Thessalien ist nach Homer auch das Vaterland der Kentauren, d. h. der Reitervölker, die mit ihren Thieren so verwachsen schienen, dass sie in der griechischen Sage mit denselben zu einem einzigen Geschöpf zusammenwuchsen. Der Name Κένταυρος ist wohl auf die Verbindung von κεντεῖν, „stacheln", und ταῖρος, „Stier", zurückzuführen. Caesar als Diktator führte den Thessalischen Sport, „vom galoppirenden Pferde aus einen Stier an den Hörnern

*) Wilkinson „Manners and Customs of the Ancient Egyptians" II behauptet allerdings, dass Gefechte zwischen Stieren und unberittenen Männern schon bei den alten Egyptern beliebt gewesen seien.

zu fassen, ihm den Nacken umzudrehen und ihn so durch den Sturz zu tödten", zuerst den Römern vor Plinius H. N. VIII. 45'. Eine genauere, allerdings etwas abweichende Beschreibung dieser schwierigen Uebung findet sich in Heliodor's Aethiopica (X. 28—30): der Reiter schwang sich von seinem nackten Pferde auf irgend einen wilden Stier, umfasste dessen Hörner mit den Armen so, dass seine Hände sich über der Stirn des Thiers umklammerten. Dann liess er sich mit seinem ganzen Gewicht so lange an einer Seite des Stierkopfes herabhängen, bis das Thier stolperte und zusammenbrach. Schnell warf sich der Jüngling dann auf dasselbe und bohrte dessen Hörner in die Erde, den Stier so vollkommen hülflos machend.

Von Söhnen jenes kräftigen, naturwüchsigen Geschlechts in Süd-Afrika, der „Afrikaander boeren", erzählte man mir auch, dass sie häufig im Stande seien, junge Stiere bei den Hörnern zu packen und umzuwerfen — ich habe das selbst nie gesehen.' Auch norddeutsche Bauernsöhne sollen sich diesem Sport ergeben.

Die genannten Thessalier vollführten ferner das Kunststück, dem Stier vom Pferde aus eine Schlinge um die Hörner zu werfen und denselben dann durch Pariren des Pferdes zu Fall zu bringen, ein Kunststück, das man heute noch in Amerika, von der Magellan-Strasse bis hinauf in die nordischen Präries täglich und stündlich ausgeführt sehen kann. Wie oft sagte mir in der Pampa ein Gaucho, wenn wir einer flüchtigen Rinderheerde nachgaloppirten:

„Zeige mir Ew. Gnaden irgend ein Thier und sage mir, wo ich es *agarrar* (fassen) soll." Kaum hatte ich einen Stier bezeichnet und etwa das rechte Horn oder das linke Hinterbein bestimmt, als auch schon der Lasso lossauste und das Thier unmittelbar darauf an der richtigen Stelle gefasst, zappelnd und hülflos am Boden lag. Auch das *Colear*, das Kunststück, ein Stück Vieh am Schweif zu ergreifen und durch Anspornen seines Pferdes und plötzliches Loslassen des Schweifs zu Fall zu bringen, erfreute sich in Mexico und Südamerika allgemeiner Beliebtheit. —

Thessalische Schaustellungen fanden, soviel wir wissen, nach Cäsar nur noch zweimal in Rom statt, unter Claudius (Sueton 21) und Nero (Dio Cassius 61).

Ob zur Zeit der römischen Herrschaft jemals solche Spiele in Spanien aufgeführt wurden, darüber besitzen wir gar keine Nachrichten, ebensowenig wie wir Grund zu der Annahme haben, dass man unter den Gothischen Königen (414—711) Stier- oder andere Thiergefechte in der Halbinsel betrieben habe. Erst nach der Eroberung des südlichen Spaniens durch die Mauren scheint bei dem Aufschwung, den das ganze Leben, das geistige sowohl wie das gesellschaftliche, in Spanien nahm, bei dem Wiedererwachen von Ritterlichkeit und Sinn für Sport aus pfäffischer Indolenz auch neben den Kampfspielen *Juegos de cañas* der Geschmack an Thierhetzen aufgekommen bezw. wieder aufgefrischt worden zu sein. Die Nordafrikaner, die gewohnt waren, in ihrer Heimath Antilopen und Wildschweine zu Pferde mit Wurfspiessen zu jagen, die auch den Löwen nicht fürchteten, und demselben z. B. in Oran, ebenso wie die Römer im Einzelgefecht entgegen traten, sie werden sich auch in der neuen europäischen Heimath nach Thieren umgesehen haben, die sich für solchen Sport eigneten. Und da blieben ihnen als die wildesten Thiere Spaniens nur die Wildschweine und Stiere übrig. Auch die damalige gothische Ritterschaft, die ihr römisches Blut nicht verläugnen konnte, lernte bald diesem Sport eben so viel Interesse abgewinnen, wie die afrikanischen Eroberer. Später begann man diese Sauhetzen aus dem freien Wald und Feld in Amphitheater zu verlegen, von denen ja noch eine Menge aus der Römerzeit vorhanden waren, und aus Spanien wurde diese ursprünglich römische oder römisch-afrikanische Liebhaberei dann wieder nach Italien bezw. nach Rom zurückverpflanzt.

In Spanien gelangten inzwischen die Stiergefechte in immer höherem Masse zur allgemeinen Beliebtheit, wenngleich uns auch noch von Philipp IV. berichtet wird, dass er über 400 Wildschweine mit eigener Hand getödtet habe.

Die erste beglaubigte Nachricht von einem Stiergefecht in Spanien findet sich, soviel mir bekannt, in dem *Resumpta Historial de España* des Licentiaten Francisco de Cepeda, der in dieser Chronik über das Jahr 1100 sagt: „In alten Denkschriften findet sich die Notiz, dass in diesem Jahre bei öffentlichen Festen Stiergefechte stattfanden·,*) ..*Espectaculo solo de España*·. bemerkt damals schon stolz der alte Herr.

Von Don Rodrigo Diaz de Vibar, dem edlen Cid Campeador, der gegen Mitte bis Ende des 11. Jahrhunderts lebte, wird erzählt, dass er ..der Erste war, der Stiere zu Pferde mit der Lanze angriff." Indess handelt es sich auch hier nicht um die Stosslanze, wie sie bei den Tourniren gebraucht wurde, sondern um den von den Mauren übernommenen Wurfspiess *(rejon)*.

Weitere Stiergefechte werden uns dann berichtet aus dem Jahre 1107 aus Avila, 1124 aus Saldaña bei Gelegenheit der Heirath Alfons' VII. mit Doña Berenguel la Chica, Tochter des Grafen von Barcelona u. s. w.

Auch dieser Sport — denn es handelt sich hier durchaus nicht um die heutige handwerksmässig und systematisch betriebene Thierquälerei — wurde von Spanien nach Italien eingeführt. Ritter edlen Gebüts traten wilden Stieren zu Pferde in der Arena entgegen und suchten dieselben mit den *rejones*. etwa 1 Meter langen Wurfspeeren zu tödten oder kampfunfähig zu machen. Sank der Stier zusammen, so gab man ihm mit dem Dolch den Fang. Das Leben des Pferdes aber suchten die Ritter ebenso zu hüten wie das eigene.

*) Nicolas Fernandez Moratin. *Carta historica sobre el Origen y Progresos de las Fiestas de Toros*, Madrid 1777. zum grossen Theil übernommen in Murray's Handbook of Spain 1855. XXI.

Dennoch scheinen Stiergefechte damals ein recht gefährliches, darum allerdings um so ritterliches Vergnügen gewesen zu sein, denn im Jahre 1332 wurden bei einem solchen in Rom neben „muchos Plebeyos", 19 römische Ritter getödtet und deren 9 verwundet. Die Stiere stammten wohl aus der Campagna, wo sie heute noch beinahe ebenso wild sind wie ihre Vettern in der Mancha oder Andalusien. Infolge dieser Vorfälle wurden diese Uebungen bald darauf durch eine päpstliche Bulle in Rom verboten und auch den Geistlichen in Spanien der Besuch der Stiergefechte untersagt, beides aber ohne jeden Erfolg.

Unter Peter I., dem Grausamen, sowohl, wie während der Blüthezeit der höfischen und fahrenden Ritterschaft gaben sich Christen und Mauren mit vielem Eifer den Stierkämpfen hin.

So besitzen wir Nachrichten von Stiergefechten unter Peter dem Grausamen 1351 in Burgos; Juan I. 1303 in Sevilla; bei der Hochzeit Juan II. am 20. October 1418 in Medina del Campo; 1433 in Escalona (Cronica del Conde Alvaro de Luna p. 41) u. s. w.

Isabel la Catolica scheint die Vorliebe ihres Vaters für den blutigen Sport nicht geerbt zu haben. Ihre ganze Opposition beschränkte sich indess darauf, nach dem ersten Stiergefecht, dem sie beigewohnt hatte, das Gelübde abzulegen, nie wieder eines zu besuchen. 1493 schrieb sie ihrem Beichtvater Fray Hernando de Talavera, ebenfalls einem Gegner der Stiergefechte:

..De los Toros senti lo que Vos decis aunque no alcancé tanto: mas luego alli propuse con toda determinacion de nunca verlos en toda mi vida, ni ser en que se corran: y no digo prohibirlos porque esto no era para mi à sola.“

„In Betreff der Stiergefechte empfand ich das, was Ihr sagt, wenn ich auch nicht ganz so weit gehe (wie Ihr): aber damals nahm ich mir gleich mit aller Entschiedenheit vor, sie nie mehr in meinem ganzen Leben zu sehen, noch dabei sein zu wollen, wenn sie stattfinden; aber ich sage nicht, dass ich sie verbieten will, weil das nicht allein von mir abhängt.“

Isabel würde nämlich bei einem solchen Verbot ebenso Gefahr gelaufen haben ihren Thron zu verlieren, wie es heute noch jeder Herrscher oder jede Herrscherin von Spanien thäte, die etwa versuchen wollten, die Stiergefechte abzuschaffen oder auch nur die mit denselben verbundene Thierquälerei zu mildern.

Im Anfange des 16. Jahrhunderts begann man zuerst Zircusse, Amphitheater, *Plazas*, wie der Spanier sagt, für die Stiergefechte, *Corridas* (Rennen) oder *Fiestas* (Feste) *de toros*, zu bauen, die bisher auf den, von hohen Häusern und Palästen, deren Fenster bis in die obersten Stockwerke mit Balkons versehen waren, umgebenen öffentlichen Plätzen oder Märkten *(Plazas)* stattgefunden hatten. Auf denselben Plazas wurden auch die Tourniere, *Autos-da-fé*, Hinrichtungen und andere Belustigungen für Hoch und Niedrig vorgenommen.

Die *Corridas* blieben dabei nach wie vor recht gefährlich, so fanden 1512 in Valladolid bei einer solchen 10 Ritter ihren Tod. Hier tödtete auch Kaiser Carl V. zur Feier der Geburt seines Sohnes Philipp II. einen Stier auf der Plaza; er rechnet 1523 Stiergefechte sogar zu den wohlthätigen Handlungen, wie seine Worte: *„correr toros o dar caridades"* „Stierkämpfen oder Barmherzigkeit erweisen," in irgend einem Erlass beweisen. Bei Philipp' II. Charakter ist es verständlich, dass er sich nicht persönlich an den Stierkämpfen betheiligte; einen viel gottgefälligeren und ihm auch jedenfalls sympathischeren und bequemeren Sport erblickte er in der Ketzerverbrennung Was ging es ihn an, ob die Ritter vor ihm auf der Plaza ein Paar Stiere erlegten, oder ob die Stiere ein Paar Caballeros auf die Hörner spiessten, er lobte sich seine *Autos-da-fé*, wo man warm eingehüllt im Zobelpelz, nach eingenommenem Gabelfrühstück, auf einem Balkon der *Plaza mayor* sitzend, von Schoosshündchen und Hoffräulein umgeben, ein Paar Dutzend Ketzer, Christen, Juden oder gar verstockte „Moros" lebendig braten und schmoren lassen konnte. Das war ja nicht nur ein Vergnügen, sondern auch ein gutes Werk.

Ein *Auto-da-fé* blieb, trotzdem auch die Stiergefechte nicht vernachlässigt wurden, noch viele Jahre lang „*la plus belle chose qu'il y eust en Espagne.*"*) Wie jene heutigen-

*) *Journal du Voyage d'Espagne.* Paris 1669. Haag 1715. p. 356.

tags. so verlegte man damals die Ketzerverbrennungen auf
hohe kirchliche Feiertage zur Verherrlichung derselben.

Philipp II. scheint seine Gunst dennoch später zeit-
weise auch den Stierkämpfen zugewendet zu haben, denn
er gründete im Jahre 1562 die *Maestranza*. eine Korpo-
ration von Edelleuten. deren Zweck die Wiederbelebung
des Sinns für Ritterlichkeit war. welcher auch die *Plazas
de toros* unterstellt wurden und die sich bis auf den heutigen Tag erhalten hat. Vorsitzender oder vielmehr
„Aeltester Bruder" der Brüderschaft ist der jedesmalige
König: die *Maestrantes* zeigen sich heute in ihrer alter-
thümlichen Tracht nur noch bei Gelegenheit der soge-
nannten *Fiestas reales*. über welche weiter unten berichtet
werden wird.

Auch an Philipp II. wurde das Ansinnen gestellt. die
lebensgefährlichen Stiergefechte zu unterdrücken. doch
beantwortete er eine diesbezügliche Vorstellung im Jahre 1566
folgendermassen: „was die erwähnten Stiergefechte betrifft.
so sind sie ein alter und allgemeiner Gebrauch in diesen
unsern Königreichen und um sie abzuschaffen, müsste man
sich mehr mit der Sache beschäftigen und darum passt es
gegenwärtig nicht, hierin irgend eine Neuerung vorzu-
nehmen."*)

*) *En cuanto al correr de los dichos toros. esta es una
muy antigua y general costumbre destos nuestros Reynos.
y para la quitar sera menester mirar mas en ello. y ansi
por agora no conviene se haga novedad.*

Philipp III. unterstützte wiederum lebhaft dieselbe
Liebhaberei seiner Ritterschaft und Philipp IV. war selbst
ein leidenschaftlicher Stierkämpfer. Auffallend ist, dass
Cervantes in seinem unsterblichen Roman die Stiergefechte beinahe gar nicht erwähnt, trotzdem dieselben dem
edlen Junker von der Mancha prächtige Gelegenheit geboten hätten, seinen Muth zu bewähren. Einmal wird dieser
allerdings von einer Heerde wilder Stiere, die nach einem
Ort getrieben wurden, wo ein Gefecht stattfinden soll.
(II. 58) über den Haufen gerannt und schlimm zertrampelt; ein anderes Mal nennt Don Quijote das Lanzen-
stechen der Stiere eine „Waffenübung edler höfischer,
nicht aber fahrender Ritter" (II. 17) und das dritte Mal
ist es Sancho Pansa, der eine, wie gewöhnlich recht
unpassende, aber treffende Bemerkung über Stiergefechte,
bezw. die Zuschauer derselben macht (II. 13)*); aber ein
Freund der Stiergefechte scheint Cervantes in keiner Weise
gewesen zu sein.

Gegen die Mitte des 17. Jahrhunderts entstanden auch,
von Rittern verfasst, die ersten Abhandlungen über „Tauromachie" wie die *Advertencias para torear con el rejon*
von Luis de Trejo, Madrid 1639; *Preceptos del Torear*
von Pedro de Cardenas, Madrid 1651; *Advertencias para
torear* von Greg. Salcedo, Madrid 1651 u. a. Erst dem

*) „No sabe V. M. que cuando algun caballero da una
buena lanzada al toro en la plaza, suele decir el vulgo:: oh
hideputa puto, y qué bien que lo ha hecho!"

10. Jahrhundert blieb es vorbehalten. eine Akademie der Stierwissenschaft in Spanien erstehen zu sehen.

Mit Philipp V. beginnt der Verfall der ritterlichen Stiergefechte: aus dem Sport wird gewerbsmässige Abschlachterei und zwecklose Thierquälerei. Der König liebte die *corridas* gar nicht und versuchte dieselben sogar abzuschaffen, fiel dadurch aber bei seinen Unterthanen dermassen in Ungnade, dass er. um wieder einigermassen an Popularität zu gewinnen, sich veranlasst sah, das grosse Amphitheater in Madrid mit seinen 14000 Plätzen eigens zum Zweck der Stiergefechte zu erbauen.

Indess die Periode des Verfalls war gekommen. Für ewig vorbei sind die Zeiten, in denen ritterliche Männer. nur mit dem Wurfspiess bewaffnet. dem Stier. einem der wildesten Thiere Europas, entgegentraten. Der Hauptzweck des Kampfes war damals. dem Ritter Gelegenheit zu geben, seine Kunst und Tüchtigkeit als *Caballero*, als Reiter zu zeigen. Das Pferd durfte nie verletzt werden: dem geringsten Schenkeldruck gehorchend, war es Eins mit seinem Reiter, bald dem Stoss des wüthenden Stiers ausweichend. bald denselben angreifend. reizend, ermüdend. Tempora mutantur! Heute werden arme Gäule. die eben noch auf den Beinen stehen können. mit Stockprügeln dem Stier vorgetrieben, der denselben der Reihe nach die Hörner in den Leib rennt. während der wohlgewappnete und ausgepolsterte Knecht im Sattel durch den Leib des hinstürzenden Thieres gedeckt wird.

Das Stiergefecht, bisher ein Vorrecht der Ritter, der Adeligen, gerieth in die Hände bezahlter Gesellen, die trotz aller Romane und Opern, die man über sie geschrieben hat, durchaus auf keiner höheren Stufe stehen, wie etwa unsere Jockeys, Ringkämpfer. Schlächtergesellen oder Seiltänzer. Ebensowenig wie man in dem Preisboxen blutrünstiger Pferdeknechte in England heute den letzten Rest der ehemaligen englischen Ritter-Tourniere erblicken kann, ebensowenig kann man in den heutigen Stiergefechten die alten ritterlichen Spiele Spaniens wieder erkennen.

Der einzige Rest früherer Herrlichkeit wird in den *Fiestas reales* aufgefrischt, die heute noch unter dem Protektorat der oben erwähnten *Maestranza* bei grossen Hoffestlichkeiten, Krönungen, Hochzeiten u. dgl. von Adeligen, *Caballeros en plaza* ausgeführt werden, welche, sehr gut beritten, dem Stier mit der alten Ritterwaffe, dem Wurfspeer, entgegentreten. Prächtige Anzüge dieser *Caballeros en Plaza* finden sich neben Sätteln, Zaumzeug und Lanzen in der *Caballeriza* des Königlichen Palastes in Madrid. Blut fliesst wohl bei diesen *Fiestas*, Unglücksfälle aber kommen, weil man bei der Auswahl der Stiere vorsichtig ist, dabei selten vor.

Reiche Adelige, wie die Herzogin von Medina Celi, veranstalten heute noch Privat-Stiergefechte vor einem auserlesenen, geladenen Publikum. Junge adelige Stutzer treten dann als *Toreros* und *Espadas* auf, aber die Stiere

3

sind meist harmloser wie Kühe und haben noch weniger Schneid wie die *Aficionados*.

Während also, wie gesagt, der Hof und die Ritterschaft sich von der Arena zurückzogen, bemächtigte sich die Leidenschaft für die Stiergefechte immer weiterer Schichten der Bevölkerung. Die Technik des Stierfechtens selbst beschränkte sich dagegen auf immer kleinere Kreise bezahlter Leute, in denen sich die Kunst und die Kniffe von Vater auf Sohn vererbten und die sich im Laufe der Jahre in verschiedene Kasten mit vollkommen getrennten und geschiedenen Verrichtungen zersetzten: Es theilten sich die Kämpfer in die zu Fuss, und in die zu Pferde Auftretenden; die Wurfspeere wurden zu kurzen, bändergeschmückten Harpunen, die eingestossen werden*) oder zu den Lanzen der Picadores, den *Garrochas* mit nur zolllanger Spitze; vor Allem aber entwickelte sich die Fertigkeit, den Stier stehend mit dem Degen, durch einen Stoss in eine genau bestimmte Stelle des Nackens (nie durch einen Seitenstoss) zu tödten, zu einer vollkommenen Kunst mit bestimmten Regeln, über welche eine reichhaltige Literatur entstand. Jedes spanische Kind kennt heute sämmtliche „*Suertes*", „Kniffe" oder „Kunststücke" der Stierkämpfer auf das genaueste; von 16,753,591 Spaniern konnten aber im Jahre 1886 nach dem offiziellen Bericht

---

*) Erst seit 1725 ist aus dem *Harpón* eine *Banderilla* geworden.

des *Instituto Geografico y Estadistico* 11,978,168 nicht
lesen und schreiben.*)

Um diese kurze geschichtliche Skizze zu Ende zu führen,
mag noch erwähnt werden, dass zu Anfang dieses Jahrhunderts zumal der „Glorreiche" Ferdinand VII. sich den
Stiergefechten — nicht mehr den ritterlichen Kämpfen von
ehemals, sondern dem besoldeten Metzgerwesen — mit
Leib und Seele hingab. Mit derselben Feder, mit welcher er
im Frühling des Jahres 1830 die Auflösung der Universität
Sevilla dekretirte. unterzeichnete er am 28. Mai desselben
Jahrs die Urkunde, durch welche eine ..Hochschule
der Tauromachie" in derselben Stadt gegründet wurde.
Während bisher die angehenden Stierkämpfer und Liebhaber
gezwungen waren, ihre Studien in den Schlachthäusern zu
machen, gab ihnen der König durch seine hochherzige
Stiftung Gelegenheit, den Knochenbau des Stiers oder die
Empfindlichkeit einzelner Körperstellen wissenschaftlich
kennen zu lernen, kurz die Tauromachie vom Standpunkt
der Physiologie und Thier-Psychologie zu studiren. Zwei
„Professoren", die Matadoren Candido und Romero
nahmen die vom Könige gestifteten Lehrstühle ein —
ob die Universität auch Doktortitel der Tauromachie ver-
lieh, wird nicht berichtet. Ueber dem Thor der Hochschule war die Inschrift angebracht: *Ferdinando VII. Pio:*

---

*) J. Navarrete. ..*Las Fiestas de Toros etc.*" Madrid 1886
p. 10.

Feliz Restaurador: „Ferdinand VII., der Fromme, der glückliche Wiederhersteller der Monarchie": *Para la enseñanza perseveradora de la escuela de Tauromachia 1830.* „Für den konservativen Unterricht in der Stierwissenschaft."

Die Hochschule ist inzwischen eingegangen; die Inschrift besteht noch heute: sie wird Ferdinand VII. unsterblicher machen wie seine sonstigen Heldenthaten.

Für die Wissenschaftlichkeit, mit welcher die Stierfechtkunst betrieben wurde, zeugt auch die *Tauromaquia Completa* von Franc. Montes, Madrid 1836, nicht zu verwechseln mit Pepe Illo's, des berühmtesten Espada's seiner Zeit Werk: *La Tauromaquia o Arte de Torear,* Madrid. 2. Aufl. 1827 (1804 als *„Tauromaquia" por un aficionado,* mit Illustrationen herausgegeben). „Pepe Illo"*) d. h. „Josephillo," „Josefchen," oder wie man am Rhein sagen würde, „Jüppchen" stellt in seinem Buch folgenden Satz auf p. 8): „Unter dem glorreichen Volk der Spanier gab es Stiergefechte, seitdem es überhaupt Stiere in Spanien gab, weil der Spanier ebenso alle anderen Völker an Tapferkeit überragt, wie der spanische Stier alle anderen Stiere der Welt an Wildheit und Muth übertrifft." Stolz will ich den Spanier!

Man arbeitete übrigens ganz wacker auf der Plaza zu Anfang dieses Jahrhunderts, so hat der „Stiergefechts-

---

*) Sein richtiger Name war José Delgado.

Professor" Pedro Romero († 1839) 5600 Stiere mit eigener
Hand getödtet, eine Leistung, die, wie wir weiter unten
sehen werden, heute allerdings von jedem einigermassen
beliebten Espada bedeutend übertroffen wird. —
Was die spanischen Stiere betrifft, so sind es wilde,
d. h. in vollkommener Freiheit gross gewordene Thiere,
die sich indess, in Bezug auf Grösse und Stärke mit schweizer
oder englischem Vieh durchaus nicht messen können; sie
sind dafür aber viel beweglicher wie letzteres und springen
mit Leichtigkeit über 1 bis 2 Meter hohe Barrieren.

Spaniens Stiere waren von jeher wegen ihrer Wildheit
berühmt; zuerst finden wir dieselben wohl in der Herakles-
sage erwähnt. Herakles bekam von Eurystheus den Auftrag.
als zehnte seiner Arbeiten die Rinder des Geryon von der
Insel Erythia, im Meerbusen von Cadix, nach Griechenland
zu schaffen. Er begab sich nach Nordafrika, marschirte,
fortwährend wilde Menschen und Thiere vernichtend, nach
Ceuta, setzte über die Landenge von Gibraltar und holte
sich unter Fährlichkeiten aller Art die Rinder des Geryon.
mit denen er den Ueberlandweg durch Europa nach Hause
einschlug. Eurystheus opferte leider die herrlichen Thiere,
statt sie zur Verbesserung der griechischen Zucht zu ver-
wenden — einen Versuch dieser Art, den Cacus auf eigene
Rechnung in Rom unternahm, musste er mit dem Tode
büssen — der argivischen Hera, dagegen schenkte Herakles
nach Diodorus Siculus (IV. 18) einige Stücke seiner
Heerde einem Freunde in Spanien, und von diesen

stammen nun die heutigen spanischen Rinder und
Stiere, von welchen schon Strabo (III. 169) berichtet, man
könne sie nur 50 Tage auf den herrlichen Wiesen Andalusiens weiden lassen, weil sie dann so rund und fett würden,
dass sie Gefahr liefen zu platzen. Dieser Stammbaum ist
entschieden ebenso unanfechtbar, wie der des Herzogs von
Osuna aus dem Hause Giron, der den seinen schwarz auf
weiss und ohne Lücke bis auf den obigen Geryon selbst
zurückführt.

Ein Rassenunterschied und ein damit verbundener
höherer oder niederer Grad von Wildheit besteht übrigens
nicht zwischen den deutschen oder italienischen Stieren
und den spanischen. Bösartige Stiere giebt es überall in der
Welt und Unglücksfälle kommen auch bei uns auf dem
Lande häufig genug vor; zu den spanischen Stiergefechten
sucht man sich aber, wie wir gleich sehen werden, die
bösesten Thiere aus, deren Bosheit ausserdem noch fortwährend künstlich gereizt wird.

In Südamerika habe ich mich oft und lange zwischen
Hunderten und Tausenden von wildem Vieh ohne die
geringste Furcht bezw. ohne jede Veranlassung zu einer
solchen bewegt. Man ging den Stieren einfach aus dem
Wege. die, wenn sie nicht gereizt wurden, Niemandem
etwas zu Leide thaten. Viel gefährlicher waren dagegen Kühe,
denen man die Kälber abgenommen hatte, und ich erinnere
mich noch heute meines Schrecks und eines nur durch diesen
ermöglichten ausserordentlichen Sprungs über einen hohen

Verschlag, als ich einmal von einer wüthenden wilden
Kuh, die mir dicht auf den Fersen war, verfolgt wurde.
Für die Stiergefechte in Südamerika werden darum auch
die Thiere meist aus Spanien bezogen, weil man in Amerika
nicht so recht in der sachkundigen Behandlung oder richtiger
Misshandlung derselben vor ihrem Erscheinen in der Arena
bewandert ist.

Der Stier spielt im Geistesleben des Spaniers eine ganz
eigenthümliche Rolle: er wird zur selben Zeit geliebt und
gehasst. Der Spanier hält den Stier für das stärkste Thier der
Erde. Während er Alles mögliche erdacht hat, um ihn
langsam zu Tode zu quälen und während er in frenetischen
Jubel ausbricht, wenn das arme Thier, das, sei es noch so
tapfer, ja sterben muss, endlich zu Tode getroffen zusammensinkt, so geräth er in dasselbe Entzücken, wenn der Stier
6 Pferden nach einander den Garaus gemacht und wo-
möglich noch ein Paar Kerle aufgespiesst hat. *Bravo toro!*
dröhnt es von allen Seiten, und man ist begeisterter für
den Stier wie ein deutsches Publikum etwa für irgend
einen Heldentenor. Ein Erbarmen giebt es allerdings nie
— die Thierquälerei muss bis zum Tode des Stiers
programmmässig abgespielt werden.

Als kürzlich ein Stier und ein Elephant in die Arena
gelassen wurden, begann der Dickhäuter mit der grössten
Gemüthsruhe Apfelsinen zu verzehren. Erst nachdem der
schlecht gelaunte Stier sich bemüssigt fühlte, dem
Elephanten einige Male in die Flanken zu rennen, wandte

dieser sich um, schlug den Stier mit dem Rüssel zu Boden, half einen Augenblick mit dem Knie nach und richtete ihn in wenigen Sekunden dermassen zu, dass der Stier zwar äusserlich unverletzt, dennoch sterbend liegen blieb. Der Elephant ass dann seine Orangen ruhig weiter. Das Publikum aber war bei diesem unerwarteten Verlauf des Zweikampfs ganz ausser sich vor Wuth über den Sieger, es überschüttete denselben mit allen möglichen Schimpfwörtern, wobei sogar der gute Ruf der Elephanten-Mutter nicht geschont wurde und hätte den harmlosen Pachydermen am liebsten auf der Stelle zerrissen.

Andererseits wieder kann der Spanier vom Strassenjungen bis zum Hidalgo keinen Stier, keinen Ochsen, oder keine Kuh sehen, ohne dieselben zu ärgern und zu quälen. Ich habe diesen Hang zur Thierquälerei bei Spaniern beobachtet, lange bevor ich ein Stiergefecht in Spanien selbst gesehen. Wenn die Thiere in den Saladeros von Uruguay zum Tode getrieben wurden, und, brüllend und aufgeregt sich in den Verschlägen zusammendrängten, habe ich häufig genug Kinder spanischer Eingewanderten bemerkt, die, ohne daran von ihren älteren Genossen irgendwie gehindert zu werden, mit ihren Messern den Thieren die Augen ausstachen! — sie thaten das allerdings selten mehr wie einmal, so lange ich dabei war. Ich schreibe diese angeborene und erbliche Neigung zu solchen Rohheiten hauptsächlich dem bösen Einfluss der Stiergefechte zu, auf welchen wir weiter unten zurückkommen werden. Das Metzgerhandwerk ist dem Spanier überhaupt ungemein sympathisch und ich verstehe jetzt vollkommen, dass z. B. zur Zeit meines Aufenthalts in Fray Bentos (Liebig's Extrakt of Meat Cy) sämmtliche Schlächter, die oft über 1600 Thiere täglich tödteten, Spanier waren. —

Dass spanische Stiere sogar im Kriege, natürlich als gute Patrioten, eine Rolle gespielt haben sollen, wird von Hannibal's Zeiten an bis auf unser Jahrhundert von Appian (Bell. Hisp. 428), Polybius (III. 93) und mehreren modernen Schriftstellern*) behauptet.

Das Leben eines Stiers, der sich durch seine unliebenswürdigen Anlagen oder durch sein Aeusseres für das Stiergefecht zu eignen scheint, verläuft etwa folgendermassen: Geboren auf einem der oft bis 10000 Hektaren grossen Weidegüter Kastiliens oder Andalusiens, wird er, sobald er das Alter von einem Jahr erreicht hat, mit seinen Genossen zusammengetrieben, um gebrannt, d. h. mit dem Eigenthumszeichen seines Herrn versehen zu werden *herrar* in Spanien, *marcar* in Südamerika). Die Hirten, die mit ihrer *Garrocha*, dem mit einem Stachel versehenen langen Stocke, die Thiere zusammentreiben, merken bald, welcher Stier streitlustig ist und welcher nicht. Solche Bullen, die trotz der empfindlichen Stiche der *Garrocha*, den Treiber wiederholt angreifen, werden zu weiterer

*) A. Ibieca. *Historia de los Sitios de Zaragoza.* Sup. p. 153.

Beobachtung aufs Neue auf die Weide getrieben; die zah-
meren Thiere dagegen verwandelt man in Ochsen, ein
Vorgang, dem Ferdinand VII. mit seinen Damen und Hoffräulein in Aranjuez beizuwohnen niemals versäumte.
Die bösartigen Stiere werden nun zunächst als
Novillos embolados, d. h. mit ausgepolsterten oder durch
aufgesetzte Kugeln ungefährlich gemachten Hörnern in
Dörfern oder kleineren Städten, die sich keine *Toros à muerte*
„Stiere bis zum Tode" leisten können, auf der *Plaza* gegen
die Strassenjugend oder andere *Aficionados*, die hierbei
ihre Studien machen, losgelassen.

Hunderte von grossen und kleinen Kindern ärgern
und quälen dann den Bullen mit allen möglichen Mitteln,
ohne ihn im Uebrigen zu verletzen und das seiner Waffen
beraubte Thier, das noch nie 10 Menschen auf einmal zusammen gesehen hat, benimmt sich hierbei natürlich äusserst
tölpelhaft und unbeholfen.

Haben die Stiere dann ein Alter von 4—5 Jahren erreicht, so sucht sich ein Unternehmer von Stiergefechten
die ihm passenden Thiere zu oft ausserordentlich hohen
Preisen auf der Weide aus und transportirt dieselben in der
Nacht vor dem Gefecht in die bei jedem der Amphitheater
sich befindenden Ställe. Als Führer der wilden, menschen-
scheuen Thiere dienen zahme Ochsen, *Cabestros*, die für
ihre Dienstleistungen ebenso dressirt sind wie die bei den
Elephantenjagden in Indien und Siam zur Verwendung
kommenden zahmen Elephanten.

Um es dem Nichtspanier zu erleichtern, sich eine Vorstellung einer spanischen Plaza zu machen, erinnert man
ihn am besten an das Colosseum in Rom.*) Wir Deutsche
haben kein Wort für solch' Gebäude, und auch das spanische
„Plaza'' verdankt, wie schon oben bemerkt, seinen Ursprung
nur dem Umstande, dass die Stiergefechte früher auf öffentlichen Plätzen stattfanden.

Eine Arena, die oft den 5- oder 6fachen Durchmesser,
vielleicht auch mehr — ich bedauere nicht im Stande zu
sein, genaue Maasse anzugeben — unserer grössten Zirkusse
besitzt, ist zuvörderst von einer vielleicht 2 Meter hohen,
starken Holzwand umgeben. In der Höhe von ca. $1/3$ Meter
läuft an der inneren Seite eine Stufe, bezw. ein Balken
entlang, der den Stierkämpfern den Sprung über die
Barrière erleichtert. Jenseits der letzteren umgiebt ein
breiter Gang den Zirkus. Hier halten sich die unbe-
schäftigten Kämpfer auf, dann die *Aficionados*, einige
Polizisten, zumal aber dient derselbe den verfolgten Stierkämpfern als Rettungshafen. Wie schon erwähnt, springt
der Stier. meist in der Hoffnung, seinen Peinigern dadurch
zu entkommen, häufig über diese hohe Barrière hinweg.
Für solche Fälle befinden sich in dem rundlaufenden Gange
zahlreiche Verschläge aus Holz, hinter welche sich die
erschreckten Zuschauer flüchten; der Stier dagegen, der

* Ich bitte auch die Tafeln und deren Erklärung auf
Seite 1 vergleichen zu wollen.

seinen Peinigern glücklich entronnen zu sein glaubt und der
nicht einmal des auf ihn herabrasselnden Hagels von
Schlägen und von Schimpfwörtern achtet — von Beiden
giebt es besondere Sorten eigens für die Stiergefechte — hat
nur noch den einen Wunsch: „Weg von hier!" Er findet
eine geöffnete Thür, hoffnungsvoll passirt er sie und — sieht
sich wieder in der Arena seinen unermüdlichen, unerbitt-
lichen Feinden gegenüber, denn er ist ja ein *toro à muerte!*

Hinter und über dem erwähnten, rundlaufenden Gange,
in einer Höhe von vielleicht 3 Metern erheben sich nun
die Sitze für das Publikum. Die unterste Reihe ist, abgesehen von ihrer Höhe, noch durch mehrere gespannte
Drahtseile geschützt, dennoch ist es vorgekommen, dass
Stiere nicht nur die Holzwand übersprangen, sondern,
ohne Anlauf zu nehmen, in ihrer Wuth oder Angst auch
durch die zweite Wand und jene Drahtseile sich einen
Weg bahnten.

Das entsetzte Publikum wird dann oft übel zugerichtet.

Die steinernen oder hölzernen Sitzreihen erheben sich
amphitheatralisch über einander; die oberste derselben stösst
an die arkadenförmigen, ebenfalls ringsum laufenden Logen,
die den Abschluss des monumentalen Baus bilden.

Die stufenartigen Sitze sind sehr ursprünglich und ohne
Rückenlehnen. Man setzt seine Füsse zur Rechten und
Linken seines Vordermannes und will man sich einmal
anlehnen, so dienen dazu die Knie des Hintermannes. —

Die Stiere werden, wie gesagt, am Tage vor dem Gefecht in die neben der Plaza liegenden Ställe gebracht. Früher trieb man sie Nachts ungefesselt, unter Führung der erwähnten *Cabestros* von der Weide dorthin, ein etwas gefährliches Experiment, zu dem sich aber immer zahlreiche Zuschauer einfanden. Heutzutage werden die Thiere in ganz engen, sehr starken Käfigen, in welche die dressirten Ochsen sie hinein gelockt und gedrängt haben, auf der Eisenbahn transportirt. Die Plazas, deren täglich neue erstehen, werden darum stets in möglichster Nähe der Eisenbahnstationen errichtet; es wäre aber auch gar nicht unmöglich, dass einmal eine Station mit Rücksicht auf die Stiere neben eine schon vorhandene Plaza erbaut würde.

Die auf Rädern ruhenden Käfige werden gegen geöffnete Thüren geschoben, durch welche der Stier in einen stark vergitterten und mit schweren Balken ausgeschlagenen Zwinger stürmt, aus dem es nur einen Ausweg giebt — in die Arena.

In den neueren Plazas sind die Ställe von breiten Steinmauern eingefasst, von denen herab man, wie vielfach bei unseren Bärenzwingern, die Thiere ohne jede Gefahr in dichtester Nähe besichtigen, oder mit stachlichen Stangen nach dem in die Arena führenden Gang treiben kann. Die verschiedenen Zwinger stehen durch Thüren mit einander in Verbindung, die in einer Weise angebracht sind, dass sie den Oeffnenden stets decken und ihn so den Augen

des Stiers entziehen. Die Stierkämpfer haben hier die beste
Gelegenheit, den Charakter der Thiere im Voraus zu studiren.

Neben den Zwingern befinden sich auch die Pferde-
ställe, wo die armen Klepper, oft nur nothdürftig verbunden
und zusammengeflickt von einem Stiergefecht zum andern,
— mehr wie zwei erlebt ein Pferd wohl nicht — nothdürftig durchgefüttert werden. In Valencia zählte ich
kürzlich 97 solcher dem Tode geweihten Rocinantes.

Die Stiergefechte werden nicht von den Städten selbst
oder von Aktiengesellschaften veranstaltet, sondern von
einzelnen Unternehmern, welche die Stiere und Pferde
stellen, die Plaza in Ordnung halten, die *Cuadrilla*, d. h.
das beim Gefecht auftretende Personal anwerben — häufig
stellt auch der betreffende „Espada" seine eigene Cuadrilla
— und die dafür das ganze Eintrittsgeld erhalten, von dem
sie eine gewisse Summe, in Madrid z. B. 20000 Frcs. für jedes
Gefecht, an das Hospital des betreffenden Orts abgeben
müssen. Die Höhe dieser Zahl mag vielleicht überraschen,
aber es werden gleich noch ganz andere Summen ange-
führt werden. Carl III. war es, der diese Verfügung betreffs
der Hospitäler erliess; es ist indess unrichtig, zu behaupten,
wie so häufig geschieht, dass das ganze Reinerträgniss
der Stiergefechte zu wohlthätigen Zwecken verwendet
werde; abgesehen von den ausserordentlichen Gehältern der
Espadas, verdienen auch die Impresarios ein schönes Geld
bei den blutigen Schaustellungen, und mit ihnen noch gar
mancher Gönner und Gevatter.

Lange Zeit vor dem Tage des Stierkampfs verkünden
ihn riesige Plakate*) an allen Strassenecken mit genauester
Angabe der Herkunft, des „Pedigree's" der Stiere, zumal
aber werden die Namen der auftretenden *Espadas*, *Bande-*
rilleros und Picadores veröffentlicht. Obgleich es der
Reklame nicht bedarf, um Tausende und Abertausende von
Zuschauern heranzulocken, so wird doch beispielsweise mit
ungeheuerlichen Lettern angezeigt, dass der unvergleich-
liche, in beiden Welten unsterbliche F r a s c u e l o oder
L a g a r t i j o eine ganz besonders gefährliche *Suerte* ausführen
werde oder dergleichen. In Madrid, wo sich damals gerade
einige Tagalen aus Manila aufhielten, las ich im vorigen
Sommer auf solch einem Zettel: „Unsere Gäste aus den
Philippinen, jener von dem berühmten Seefahrer Magellan
entdeckten grossen Insel (sic!), haben es nicht verschmäht,
uns die Ehre zu schenken, zwei Logen der Plaza anzu-
nehmen, um sich von den Fortschritten der stierkämpfenden
spanischen Jugend (mit *novillos embolados!*) zu überzeugen."
   Es kommt kaum vor, dass in einem Gefecht weniger
wie 6 Stiere getödtet werden, oft hingegen müssen 8 oder
10 ihr Leben lassen und wenn etwa der König oder eine
sonstige hohe Persönlichkeit dem Schauspiel vorsitzt, so
lärmt und bettelt das Volk so lange, — auf der Plaza ist
der Pöbel souverain — bis ihm ein Stier *de gracia* als
Zugabe bewilligt wird.

   *) Entsprechend den *Programmata* der Alten.

Die Stiergefechte finden Nachmittags unter freiem
Himmel statt; die Plätze des Amphitheaters zerfallen
darum in solche „im Schatten" und „in der Sonne"; letztere sind erheblich billiger wie die Plätze *de sombra*.
Den Stand der Sonne und das durch diesen bedingte von
Minute zu Minute sich ändernde Verhältniss der schattigen
zu den sonnigen Sitzen der Plazas kennt in Spanien jedes
Kind. „Der *Zodiacal progress into Taurus* ist entschieden
die am schärfsten und häufigsten ausgerechnete astrono-
mische Beobachtung in Spanien", sagt sehr richtig ein
schon angeführter englischer Kritiker.*)

Gegen Regen giebt es keinen Schutz, darum werden
die Gefechte auch stets unter dem Vorbehalt „*si el tiempo
lo permite*". „wenn das Wetter es gestattet", angezeigt.
Fällt ein Stiergefecht wegen schlechten Wetters aus, so
wird das schon bezahlte Eintrittsgeld zurückerstattet; unter-
bricht dagegen etwa ein Gewitter das Gefecht und macht
die Fortsetzung desselben durch Aufweichen des Bodens
und dergleichen unmöglich, so hat das Publikum keinen
Anspruch auf Entschädigung.

Der betreffende Tag ist für den Spanier immer ein
Feiertag. etwa wie für den Berliner der Tag der Frühjahrs-
parade oder wie Derby-Day für den Cockney.

Gerade so freudig erregt ist wohl auch der Pfahlbürger
von Abome an den Tagen der grossen *Costumes,* der

*) Vergl. Note **) auf Seite 21.

althergebrachten Menschenschlächtereien im Königreich
Dáhomey, vorausgesetzt, dass er nicht selbst zum Opfer
auserlesen ist. Der Spanier schwärmt für seine Espadas und
Genossen, er verehrt sie abgöttisch, er hat aber nichts desto-
weniger bei den Stiergefechten keinen sehnlicheren Wunsch,
als die Betreffenden zertrampelt, aufgespiesst oder in die
Luft geschleudert zu sehen.

Sobald die schlimmste Hitze des Tages vorbei ist, beginnt eine Völkerwanderung nach der Plaza: Pferdebahnen,
Omnibusse, Fiaker, Tartanas (altspanische bedeckte Wagen
mit Seitenbänken), kurz alle möglichen und unmöglichen
Fahrzeuge voll aufgeregter Menschen beiderlei Geschlechts,
mit Pferden und Maulthieren bespannt, die vom Kutscher
und den Passagieren mit vereinten Kräften geprügelt
werden, rasen nach derselben Richtung. Zwischen diesen
suchen sich zahlreiche Privatwagen und prächtige Vier-
spänner einen Weg zu bahnen. Es giebt kein Land der
Erde, wo man so viele Equipagen sieht, wie Spanien,
die Beschaffenheit derselben lässt dagegen durchgehend
manches zu wünschen übrig, auch sind die Maulthier-
gespanne vielleicht zweckmässig, sicherlich aber nicht schön.

Mit Jubel werden die *Picadores* begrüsst, die auf einem
ihrer erbärmlichen Klepper, auf dessen Kruppe meist noch
ein kleiner Junge Platz gefunden hat, in ihrem schwerfälligen
Anzug mit verhängten Zügeln und mit einer Sorglosigkeit
über das Pflaster herangaloppirt kommen, die nur jahre-
lange Gewohnheit des Hinstürzens verleihen kann. Naht

sich nun gar der *Espada*, der „Matador", wie wir in
Deutschland meist sagen, in prächtigem, selbstverständlich
eigenem Gefähr, so durchbraust ein Jubel die Luft, als
begrüsse man den siegreichsten Feldherrn, den grössten
Helden Spaniens.

Das Handwerk des Stierkämpfers, zumal des Espada,
muss für den Spanier, der es sonst nie weiter wie bis
zum Viehhirten oder Schlächter bringen würde, ungemein
verführerisch sein.

Allerdings gehören zu diesem Handwerk, wohl einem
der gefährlichsten der Welt, vor Allem ausserordent-
licher Muth und eben solche Kraft, dann Kaltblütigkeit
und pfeilschnelle Behendigkeit, verbunden mit genauester
Kenntniss des Stiercharakters. Der Stierkämpfer muss, wie
ein deutscher Schriftsteller sehr richtig sagt, „dem Stier
immer um einen Gedanken und um einen Sprung voraus
sein."*)

Diese schönen, muthigen Leute in ihrer prächtigen
Tracht sind ganz dazu geschaffen, die Helden, ja Abgötter
eines heissblütigen südlichen Volks zu werden, dessen Pulse
eben rascher schlagen wie die unseren. —

Lange vor der festgesetzten Stunde ist die Plaza bis
auf den letzten Sitz gefüllt. Die Damen der höheren
Stände, die in den meist fest gemietheten Logen Platz

*) Dernburg, Fr. Des deutschen Kronprinzen Reise
nach Spanien und Rom. Berlin 1884 p. 26.

nehmen, tragen heute noch bei den Stiergefechten, aber auch nur dann, statt der gewöhnlichen schwarzen Mantille, die leider immer mehr durch den „pariser" Hut verdrängt wird, eine weisse Mantilla. Papierfächer mit Abbildungen von Szenen aus Stiergefechten, die ebenfalls nur bei dieser Gelegenheit benutzt werden, sieht man in jeder zarten Hand. Der männliche Theil des Publikums ist dagegen mit langen, ganz besonderen Stiergefechtsstöcken ausgerüstet, die man am Eingange der Plaza für wenige Pfennige kauft. Dieselben dienen hauptsächlich zum Lärmmachen, indem man zum Zeichen des Beifalls oder des Gegentheils mit denselben auf die Bänke und Sitze klappert; die Zuschauer in den unteren Reihen haben dann auch zuweilen Gelegenheit, dem Stier, der sich durch einen Sprung über die Schranken gesichert glaubt, mit ihren Stöcken einige Hiebe zu versetzen.

Die Loge des Präsidenten befindet sich oberhalb des allgemeinen Eingangs, gerade gegenüber dem Thore, durch welches der Stier in die Arena eingelassen wird.

Das Publikum ist stets, oft mit Recht, oft mit Unrecht, ungeduldig; mit Pfeifen und Stampfen begleitet es beliebte Weisen, die ein starkes Militär-Orchester ertönen lässt; mit allerhand schlechten Bemerkungen werden die Knechte überhäuft, welche die Arena glätten und in kunstgerechten Volten mit ihren Wasserkarren den Sand besprengen. Von zahlreichen Verkäufern wird Wasser, gebranntes wie ungebranntes, angepriesen und findet zumal letzteres reissenden

4*

Absatz. Ein gefülltes Glas Wasser wird von Hand zu Hand, von Reihe zu Reihe bis zu dem Durstigen hinaufgereicht, der erst, nachdem er seinen Nachbarn höflich einen Schluck angeboten hat, das Glas leert, dann ein Kupferstück in dasselbe hineinwirft, um es denselben Weg wieder bergab wandern zu lassen. Ein kürzeres Verfahren wählt der Orangenhändler, der von der untersten Reihe des Amphitheaters aus seine Waare an den Mann zu bringen sucht: man ruft ihm die Zahl der gewünschten Früchte zu, er wickelt dieselben in ein Taschentuch und lässt die Orangen mit nie fehlendem Wurf an seinen Kunden gelangen. Der Käufer zählt die Früchte, knüpft die nöthigen Kupferstücke in eine Ecke des Taschentuchs und schleudert es in weitem Bogen wieder dem Händler zu.

Der Spanier besitzt ein ausserordentliches Talent, auch in der tobendsten und lärmendsten Umgebung sich einem weit von ihm entfernten Landsmann verständlich zu machen, oder denselben zu verstehen. Man kann das am besten bei den Hahnenkämpfen beobachten, wo die Wettenden sich ihre Summen trotz des betäubenden Lärms gegenseitig zurufen, ohne dass dabei Missverständnisse oder später Zwiste entstehen.

Ich möchte hier bemerken, dass bei den Stiergefechten nicht gewettet wird.

Pünktlich zur angesetzten Stunde bezw. Minute betritt der Präsident seine Loge; verspätet er sich, so wird er vom Pöbel ausgepfiffen.

In Madrid präsidirt der König, in den anderen Städten
die hohe Obrigkeit, der *Alcalde*. Bürgermeister, umgeben
von den *Corregidores*, den Vätern der Stadt. Auch die
hohe Geistlichkeit besitzt ihre eigene Logen, wie ja schon
von Alters her die Stunde des Messelesens sich stets nach
dem Beginn des Stiergefechts richtet und diesem entsprechend nöthigen Falls verlegt wird. Auch zu Ehren hoher
kirchlicher Feste finden heute noch immer blutige Stiergefechte statt. Die Franziskaner in Sevilla veranstalteten,
um die Mittel für eine neu zu erbauende Kirche zusammen
zu bekommen, 8 Stiergefechte, deren Besucher mehrere
Jahre „Ablass“ zugesichert erhielten.*) —

Ein Trompetenstoss ertönt und die Thore der Arena
öffnen sich: in feierlichem Zuge erscheinen die Stierkämpfer,
die *Cuadrilla*. Voran 1 (oder 2) *Alguacil*.**) „Gerichtsdiener“
„Büttel“, der Häscher, der, sofern seine Thätigkeit nicht
in der Arena in Anspruch genommen ist, zahlungsunfähige
Kunden in Banden schlägt und darum bei der spanischen
Bevölkerung, die zum grossen Theil aus solchen Kunden
besteht, sich nicht gerade besonderer Beliebtheit erfreut.

*) Peyron. Essais sur l'Espagne.
**) Ch. v. Bernhardi verwechselt in seinen „Reise-
Erinnerungen aus Spanien“, Berlin 1886 fortwährend
den „Alcalden“ mit dem „Alguacil“, wie sich überhaupt
unter seinen zahllosen spanischen Zitaten kaum ein
einziges ohne grammatikalische oder sonstige Schnitzer
finden dürfte.

Auf schmuckem, buntverziertem Ross in malerischer,
schwarzer Tracht des 16. Jahrhunderts, eröffnet er den Zug.

Die Namen *Alguacil* und *Cuadrilla* sind noch Ueber-
bleibsel aus der arabisch-spanischen Tournierzeit.

Dem *Alguacil* folgen 3 Lanzenreiter, *Picadores,* in
ihrem mit Gold- oder Silberstickerei reich verzierten gelb-
ledernen, den Bedürfnissen des heutigen Stiergefechts entsprechend modernisirten altspanischen Kostüm, das heute
noch von den nordamerikanischen „Cowboys", dann in
Südamerika von den Gauchos, hauptsächlich aber in Mexico
allgemein getragen wird.*) Charakteristisch bei deren Aus-
rüstung sind zumal der breitrandige, silbergestickte Filzhut;
der dem mexikanischen (texanischen oder kalifornischen)
Sattel entsprechende Bocksattel, der ein Herausfallen nach
vorn oder hinten einfach unmöglich macht; sowie die grossen,
arabisch-altspanischen Steigbügel, mit deren scharfen Kanten
der Reiter das Pferd zu seinem Todesritt anzustechen sucht.
Die Waffe des Picador ist die schon erwähnte *Garrocha.*
eine Stange, wie wir Deutsche sie beim Ger-Werfen ver-
wenden, mit einer nur wenige Centimeter langen Spitze
(pua) versehen. Dem Pferde. unter welchem man sich
das bedauernswertheste Geschöpf, das man je, oder vielmehr
nie gesehen hat, vorstellen muss. sind beide Ohren sorgsam
mit Werg zugestopft, damit es nicht das Schnauben und
Keuchen des wüthenden Stiers, noch das Getöse der

*) Vergl. Tafel II.

Zuschauer hört; sein rechtes Auge ist ferner durch eine Binde bedeckt, um ihm den Anblick des Stiers zu entziehen. In dieser Weise des Gehörs und Gesichts beraubt, werden die hülflosen Geschöpfe zur Schlachtbank geprügelt.

Der Picador selbst ist durch dicke seidene Binden um beide Beine wie den Unterleib, sowie durch starke eiserne Schienen vor den gefährlichsten Angriffen des Stiers geschützt; diese lächerliche Auspolsterung macht ihn so unbeholfen, dass er ohne Unterstützung nicht in den Sattel steigen kann. Picadores sind meist wüste Gesellen und Trunkenbolde, die sich nur bei den untersten Schichten des Stiergefecht-Publikums warmer Sympathien erfreuen.

Auf sie folgen in der *Cuadrilla* die beiden *Espadas*. der eine der angeworbene Held des Tages. der andere als *Sobresaliente*, Ersatzmann. für den Fall eines Unglücks. Bei grossen Stiergefechten treten auch drei oder mehr berühmte Matadoren nach ihrer Anciennität an ein und demselben Tage auf. Der gefällige andalusische, silber- und goldstrotzende seidene Anzug der Espadas*) ist aus der Oper Carmen oder dem Barbier von Sevilla hinlänglich bekannt.

Hinter**) den Espadas marschiren die *Banderilleros*

---

*) Vergl. die Tafeln und den Umschlag.
**) Diese Reihenfolge wird nicht immer streng eingehalten.

mit den übrigen Stierkämpfern, den *Chulos* oder *Capas*.
Sie tragen mehr oder minder denselben Anzug wie die
Matadore, dessen interessantestes Stück vom ethno-
graphischen Standpunkte aus das Haarnetz ist, das den in
ein zierliches Zöpfchen *(coleta)* — jeder Stierkämpfer pflegt
ein solches zu tragen — auslaufenden üppigen Haarwuchs
früher einhüllte. Da aber die Chulos heute, abgesehen
vom Zöpfchen meist kurz geschnittene Haare tragen, sofern
sie nicht mit einem künstlichen Chignon nachhelfen, so
ist das Netz nur eine Erinnerung an die gute alte Zeit.
Kein Stierkämpfer duldet den Schmuck eines Schnurr-
oder Knebelbarts: die meisten sind glatt rasirt, einige
tragen den spezifisch spanischen Backenbart, der sich
selten tiefer wie das Ohrläppchen nach unten hin erstreckt.

Banderilleros wie Chulos sind meist ausgezeichnet
gewachsene, eben so starke wie graziöse und gewandte
Menschen, sie erinnern mehr an Ballettänzer, wie etwa an
unsere Clowns.

Den Schluss der *Cuadrilla* bildet ein mit Straussfedern
und buntem Lederzeug prächtig aufgeschirrtes Drei- oder
Viergespann (ohne Wagen) von Maulthieren oder Pferden
(Tiro), dessen Beruf in dem Herausschleifen der todten
Stiere und Pferde besteht. In Amerika sind meist Neger
Kutscher dieses Gespanns, das die dem Moloch der Grausamkeit und des Sinnen- und Nervenkitzels Hingemordeten
durch die Arena nach dem nächsten Sand- oder Dünger-
haufen schleift, auf welchem sämmtliche Opfer des Gefechts

zusammengetragen werden. Sind es Menschen, so werden
sie rasch mit den Sterbesakramenten der katholischen Kirche
versehen — ein Priester ist hierfür immer in Bereitschaft —:
sind es Stiere, so werden sie behufs späterer Verwendung
in der Form von Beefsteaks an den Meistbietenden verkauft;
die Pferde bekommt der Schinder. Gesund und zart kann
das Fleisch der zu Tode gequälten und geheizten wüthenden
Stiere nicht gerade sein, indess findet es immer, zumal da
es billig verkauft wird, zahlreiche Abnehmer; dem Genuss
des noch warmen Stierbluts schreibt man sogar, gerade
wie es einst die alten Römer dem des warmen Gladiatoren-
bluts thaten („pocula viventia", Plinius 28. 1.), heilsame
Wirkung zu.

Dem *Tiro* folgt noch eine Anzahl Knechte, deren
Geschäft im Anprügeln der todtwunden, zitternden Pferde
gegen den Stier, im Absatteln der todten, und im Todt-
stechen der mehr wie halbtodten Mähren besteht.

Der hier flüchtig skizzirte Eintritt der farbenprächtigen
Cuadrilla in die Arena, umrahmt von dem unbeschreiblich grossartigen Amphitheater in welchem 10, 12 oder
16 000 Menschen sich von ihren Sitzen erhoben haben, um
jubelnd, die Hüte, Tücher und Fächer schwenkend ihre
Lieblinge mit frenetischem Beifall zu begrüssen. bietet unter
dem klaren, blauen Himmel eines spanischen Sommernach-
mittags unstreitig eines der schönsten Bilder. dessen Anblick
einem Sterblichen auf dieser Erde zu Theil werden kann.
Das Buntschillernde dieser Szene wird noch erhöht durch

Hunderte und Tausende von verschiedenfarbigen Reklame-
zetteln (die „libelli“ der alten Römer) mit Geschäftsanzeigen
oder Verkündigungen bevorstehender Stiergefechte, die
von der höchsten Gallerie des Amphitheaters zwischen die
Zuschauer geschleudert werden; Letztere reissen sich darum,
als seien es Kassascheine. Fegt ein Windstoss über die
Plaza, so wirbeln diese bunten, in der Sonne glitzernden
Papierfetzen wie Schwärme aufgescheuchter Tauben durch
die Luft und erhöhen dadurch das ohnehin schon genug
Aufregende und Lebhafte des ganzen Bildes in über-
raschender Weise.

Unser schon mehrmals erwähnter Freund Don Emilio
Castelar, dessen Reden die „National-Zeitung“*) kürzlich
schnöder Weise als „blödes Geschwätz“ bezeichnete, schildert
in einem Roman: „Ricardo oder Geschichte eines Herzens“**)
die Zuschauer eines Stiergefechts in folgender Weise:

„Die Menge ist heiter und erhaben wie das Meer;
bald lacht sie (wie das Meer? Anm. d. Verf.), bald erbebt
die Luft von ihrem Wuthgeschrei; . . . tausend Köpfe
drängen sich wie ein vom Winde bewegtes wogendes
Aehrenfeld und Tausende von phantastischen Papierfächern
schweben wie Schmetterlinge in der Luft. (?) Die An-
ziehungskraft der grossen Massen ist unbeschreiblich und

*) Am 8. Februar 88.
**) Ins Deutsche übersetzt in der „Spanisch-deutschen
Revue“ No. 6 p. 87. Madrid.

der Abgrund, der sich in ihrem Schoosse öffnet, uner-
gründlich. (?)"

Es bedarf hier indess gar keiner Redensarten — der
Anblick einer spanischen Plaza zu Beginn eines Stiergefechts
ist wirklich überwältigend. Ich habe mancher grossen mili-
tärischen und bürgerlichen Festlichkeit in Europa beigewohnt; ich habe in Indien an einem Durbar Theil genommen, bei welchem über 300, mit Gold und Silber über-
ladene Elephanten aufmarschirten; ich habe Feste bei Wilden
erlebt, bei denen man mit abgeschnittenen Menschenköpfen
umging, wie etwa bei uns mit Kegelkugeln. aber dennoch
muss ich wiederholen. dass es meiner Ansicht nach kein
zweites so eigenartiges und malerisches Schauspiel giebt.
wie der Beginn eines Stiergefechts in Spanien.

Die Aufregung der Zuschauer wird allerdings einzig
und allein durch den Gedanken hervorgerufen: „Hier wird es
sich in den nächsten Minuten um Leben und Tod handeln",
und zwar nicht etwa wie bei einer Hinrichtung nur für
einige Sekunden, sondern für einen ganzen Nachmittag!
Für volle 4 Stunden wird dafür gesorgt werden, dass der
Zuschauer seine Nerven in überreiztem Zustand, seinen
Herzschlag in beschleunigtem Tempo erhält. Das ist es,
was diesem Prolog des Stiergefechts seinen eigenartigen
pikanten Reiz verleiht; handelte es sich nicht um Leben
und Tod, so würden die Spanier die *Cuadrilla* ebenso
gleichmüthig aufmarschiren sehen, wie wir etwa eine
Quadrille im Zirkus.

Nachdem der Zug dreimal die Runde durch die Arena gemacht hat, verschwindet das Maulthiergespann; die Knechte, die in ihren rothen Flanellkitteln an die Henkersknechte der *Autos da fé* erinnern, bergen sich hinter den Schranken; die Espadas und Banderilleros entledigen sich ihrer seidenen Mäntel, die sie mit geschicktem Wurf einem ihrer Freunde unter den Zuschauern zum Aufbewahren zuwerfen, eine Ehre, auf die jeder Spanier versessen ist: die Picadores, denen die Rollen im ersten Akt des Stiergefechts zufallen, stellen sich in ziemlich weiten Abständen, den Kopf des Pferdes nach der Mitte der Arena gerichtet, nahe der Pforte, durch welche der Stier eintreten muss, auf, die Chulos halten ihre Mäntel lose über den Arm geworfen — der grosse Augenblick ist gekommen!

Der Alguacil reitet unter die Tribüne des Präsidenten und versucht den Schlüssel der zu den Stierzwingern führenden Thüre, welchen ihm dieser an ein Taschentuch geknüpft zuwirft, mit seinem Barett aufzufangen, ein Kunststück, das ihm zur ausserordentlichen Genugthuung der Zuschauer meist nicht gelingt. Dann galoppirt er quer durch die Arena, sitzt ab, lässt sein Pferd in Sicherheit bringen und öffnet mit einem Ruck die Pforte, hinter welcher er schleunigst seine werthe Persönlichkeit birgt.

Lautlose Stille herrscht! Es ist, als ob der Herzschlag dieser Tausende von Menschen plötzlich in ein und derselben Sekunde still stände. Da! ein Schrei aus zehntausend Kehlen! Ein mächtiger Stierkopf erscheint, dann ein breiter Nacken, in den der Alguacil blitzschnell die *Divisa*, einen mit einer grossen Rosette und verschiedenen bunten seidenen Bändern (aus deren Farben man die Abstammung des Stiers erkennt) gezierten kurzen eisernen Widerhaken stösst, um darauf eben so blitzschnell durch einen Sprung über die Schranken zu verschwinden — und der Stier ist drinnen!

Diese Szene ist ausserordentlich aufregend. Niemand weiss, wie der Stier sich benehmen, wen er zunächst aufs Korn bezw. aufs Horn nehmen wird. Die Picadores sitzen wie versteinert, — die armen tauben und halbblinden Pferde wissen nicht was vorgeht.

Plötzlich! beim ersten Zucken von Mensch oder Thier stürmt der Stier gesenkten Hauptes auf sie ein. —

Es soll hier indess keine eingehende Schilderung eines Stiergefechts Platz finden, zumal jedes einzelne Gefecht dem Charakter der verschiedenen Stiere entsprechend, ein stets wechselndes Bild bietet.

Beinahe ausnahmslos steht der Stier nach seinem Eintritt in den Zirkus einen Moment vollkommen verblüfft da; er weiss nicht, was er anfangen soll. Im unvermittelten Gegensatz zu seinem soeben verlassenen finstern Zwinger sieht er sich plötzlich in der blendend hellen Arena, in Mitten der vielen Tausende von schreienden, pfeifenden, aufgeregten Menschen. Ist er muthig, so stürzt er auf den nächsten Picador los; fürchtet er sich, so sorgen schon die Chulos dafür, dass er warmes Blut bekommt.

Bei einem Gefecht, dem ich jüngst in Barcelona beiwohnte, war der Stier noch keine Sekunde in der Arena, als er auch schon, der Stiche der Garrocha des Picadors gar nicht achtend, dem ersten Pferde einen Stich ins Herz versetzt hatte, dass das Blut in einem dicken Strom herausschoss, wie etwa aus einem Fass Rothwein, dem der Spund entfallen ist. Ehe aber das Thier, wie vom Blitz getroffen, unter seinem Reiter zusammengesunken war, hatte der Stier auch schon dem Pferde des zweiten Picador, der regungslos unter seiner Mähre lag, den Garaus gemacht, und wandte sich unverdrossenen Muths gegen den Picador No. 3, dessen Pferd er mit zwei kräftigen Stössen nicht nur tödtete, sondern sammt seinem Reiter über die Schranken beförderte. Dann reinigte er durch einen kurzen Galopp in wenigen Augenblicken die ganze Arena von Chulos und Genossen, sprengte in die Mitte des Zirkus und sah sich schnaubend und wüthend rings um, als wollte er sagen: „Na, wer hat sonst noch Lust?“

Der Beifall, den dieses muthige Thier hervorrief, spottet einfach jeder Beschreibung.

Die todten bezw. sterbenden Pferde werden von den Knechten durch einen Dolchstich ins Genick regungslos gemacht, des Zaums und Sattels entledigt und dann in der Arena liegen gelassen.

Die Picadores besitzen eine solche Uebung im Hinstürzen, dass sie sich selten verletzen; ausserdem verstehen sie es immer, sich durch den Körper des lebenden oder todten Pferdes — es wiegt nicht viel! — vor den Stössen des Stiers zu decken. Letzterer stösst nicht, wie der Büffel, mit der Stirn, sondern mit den Hörnern von unten nach oben, daher die häufigen Luftsprünge von Mensch und Thieren. Es ist ihm dagegen schwer, auf dem Boden liegende Gegenstände mit den Hörnern zu erfassen, deshalb werfen sich auch die Stierkämpfer in Augenblicken höchster Gefahr ganz flach zu Boden; der Stier springt dann meist über sie weg und rennt den anderen Quälgeistern nach.

Sobald nämlich ein Picador unter dem Pferde liegt, oder überhaupt in Gefahr schwebt, schwärmen die behenden Chulos heran, um die Aufmerksamkeit des Stiers von dem Reiter ab und auf sich zu ziehen. Thut ihnen der Stier diesen Gefallen, und er thut ihn beinahe ausnahmslos, so springen die Henkersknechte über die Schranken, helfen dem schwerfälligen Picador wieder auf die Beine und, im Falle das Pferd noch nicht ganz todt ist, wieder in den Sattel.

Wenn ich oben das Wort „ausnahmslos" gebrauchte, so hat das seine Berechtigung durch die Thatsache, dass der Stier ein ausserordentlich dummes Thier ist. Leider! möchte man sagen, denn im Stiergefecht besitzt immer der Stier oder das Pferd, nie aber der Mensch unsere, d. h. des Nichtspaniers Sympathien. Wäre der Stier nicht so ausserordentlich dumm, so gäbe es gewiss keine Stiergefechte; zu seiner Entschuldigung darf indessen hervorgehoben werden, dass er sich in Folge seiner Erziehung in länd-

licher Abgeschlossenheit unmöglich Menschenkenntniss er-
werben kann. In seiner blinden Wuth greift er nämlich
jeden Gegenstand an, der ihn ärgert; „blind" ist wiederum
wörtlich zu nehmen, denn er schliesst dabei die Augen. Je
wilder und wüthender er ist, desto ungefährlicher ist er für
die Stierkämpfer, denn er stürzt sich dann unfehlbar auf das
Pferd oder die rothen Lappen, die im vorgehalten werden,
nie aber auf den Menschen. Am gefährlichsten — gefährlich sind sie aber überhaupt immer — sind die Stiere,
die entweder unberechenbar sind, weil sie z. B. einmal ein
Pferd und dann plötzlich wieder einen der Henkersknechte
angreifen, oder diejenigen, welche im Laufe des Gefechts
gewitzigt werden und sich durch die vorgehaltenen *Capas*
nicht lange verwirren lassen, sondern sofort auf den Mann
losgehen. Solchen Stieren tritt der den Todesstoss führende
Espada in den meisten Fällen nur entgegen, wenn dieselben
vollkommen ermüdet und eingeschüchtert sind. Dass es
aber im Uebrigen diesen Leuten durchaus nicht an Muth
mangelt, beweist nachfolgende Notiz, die ich der „National-
Zeitung" vom 7. Januar 1889 entnehme:

„Am zweiten Weihnachtstage (1888) wurde in Córdova
ein Stiergefecht abgehalten, dessen blutiger Ausgang ganz
Spanien in Athem hält. Der Stier, ein mageres, nerviges
Thier estremadurischer Rasse, warf sich zunächst auf den
Banderillero Manuel Martinez, genannt „Manene", von der
Truppe des Lagartijo, und brachte diesem eine tiefe Wunde
am Halse bei. Der zum Schutze Manene's herbeieilende

Raphael Ramos, genannt „Melo", wurde an der linken Brust
verletzt, und der Picador Joaquin Rucio stürzte mit seinem
von dem Stier getödteten Pferde so heftig, dass er eine
schwere Gehirnerschütterung davontrug und besinnungslos
nach Hause gebracht werden musste. Die Panik, welche
in Folge dieser Unglücksfälle entstand, war eine unbe-
schreibliche. Die Arena blieb eine Weile leer von Stierkämpfern, da alle fortgeeilt waren, um den Verwundeten
Beistand zu leisten. Um die Unruhe des Publikums zu
beschwichtigen, stieg der Espada Guerrita, welcher sich
unter den Zuschauern befand, ohne irgend welche Vor-
bereitung in den Zirkus hinab und versetzte unter nicht
endendem Applaus dem wüthenden Thiere den Todesstoss
nach allen Regeln der Kunst. Die Verwundung Manene's
erwies sich als eine tödtliche, und trotz ärztlicher Hülfe
starb derselbe noch in derselben Nacht. Alle Zeitungen
widmen dem Todten lange Nachrufe."

Es muss aber dennoch hervorgehoben werden. dass
dem frischen, muthigen Stiere zu Beginn des Gefechts
durchgängig nur die harmlosen Pferde und die schwer-
gewappneten Knechte vorgeführt werden, an denen er
seine Kräfte vergeuden und seine erste Wuth auslassen
kann.

Wenn nun der erste Akt des Stiergefechts sich immer
nur so abspielte, wie oben angedeutet wurde, so wäre die
Sache am Ende noch nicht zu schlimm. Drei Pferde wären
der, Qual ihres Daseins enthoben und ein Paar Pica-

dores mit einigen zerbrochenen Rippen und geschundenen Gliedmassen gebührend abgefunden gewesen. Aber leider geht es meist ganz anders zu; meistens ist der erste Akt des ganzen Dramas nichts wie eine Folge erbärmlichster widerwärtigster Thierquälerei. Reisst der Stier dem Pferde nur breite, mehrere Zoll tiefe Fleischwunden, so wird es, sobald die Trompete zum zweiten Akt ertönt, herausgeführt, flüchtig vernäht und erscheint beim nächsten Stier wieder in der Arena. Zumal Schimmel, die dermassen von ihrem eigenen Blut geröthet sind, dass sie den Eindruck machen, als hätten sie in Blut gebadet, werden mit dröhnendem Hurrah und stehenden Witzen über ihre „rothen Hosen" empfangen. Einem anderen Klepper reisst vielleicht der Stier den Bauch auf, dass die Gedärme herauszuquillen beginnen; er wird dann abgeführt d. h. — ich betone das nochmals ausdrücklich, nur in dem Fall, wenn der Präsident den betreffenden Akt des Gefechts für beendet erachtet — man stopft ihm seine Gedärme wieder in den Bauch, einige handvoll Werg werden nachgepfercht und das Thier ist wieder klar zum nächsten Gefecht.

Schlimmer ergeht es den armen Kleppern, denen der Stier den Bauch in einer Weise aufreisst, dass das Innere ganz herausfällt. Da eilen die Henkersknechte heran, treten dem erbärmlichen Opfer, das sich selbst fortwährend mit den Füssen in die eigenen Gedärme verfängt und dieselben meterlang in die Arena abwickelt, auf die Eingeweide, schneiden diese ab, stopfen Werg nach, vernähen die Wunde, wie man etwa bei uns einen Sack zunäht und prügeln und stossen dann das arme, vor Schmerz zitternde und schwankende, blinde und taube Thier, das doch nicht bis zum nächsten Gefecht am Leben zu erhalten ist, unbarmherzig dem Stier entgegen!

Ich habe gesehen, dass der Stier dem Pferde die Därme aus dem Leibe riss und ihm dieselben, während das Pferd sich durch Flucht zu retten suchte, wörtlich aus dem Leibe aufrollte. Durch eine plötzliche Bewegung des Kopfes schleuderte der Stier dann plötzlich die ganze blutige und kothige Masse, die er sich um die Hörner geschlungen hatte, mitten ins Publikum, worüber bei den Unbetheiligten frenetischer Jubel entstand. „*Alli va! Ahi por las tripas!*‟ „Hurrah für die Gedärme!‟ riefen Damen, Herren und Kinder!

Es ist erstaunlich, welch furchtbare Wunden und welchen Grad von Schmerzen Pferde aushalten können, ohne zu sterben. Ich habe einen Schimmel gesehen, der vom Stier umgeworfen und stark verwundet war. In wildem Schmerz raste er ohne Reiter durch die Arena, seine Därme, auf die sowohl er selbst, wie die rohen Knechte fortwährend traten, wickelten sich im Sande ab; dann folgte der Magen; erst schwankte dieser noch zwischen Bauch und Boden, dann erreichte er die Erde und wurde mitgeschleift, dann — schauderhaft! hatte das Thier mit einem lauten Knall seinen eigenen Magen zertreten! Der beim Platzen weithin spritzende Inhalt besudelte Zuschauer

5*

wie Stierkämpfer. — Unbeschreibliches Hurrah beim Publikum! solch einen Spass hatten sie doch lange nicht gehabt! Endlich sinkt der Schimmel zusammen; die Henkersknechte eilen heran. Und was geschieht? Erlöst man das Thier durch einen Dolchstoss von seinen Leiden? — Da kennt man den Spanier schlecht! Werg stopft man dem armen Vieh in den Bauch; zugenäht wird es, indem ihm die Gesellen beim Anziehen des starken Bindfadens in die Weichen treten, wie beim Verschnüren eines Ballen Baumwolle; man schlägt es mit schweren Stöcken und Stangen zwischen die Ohren und auf die Nase; aufgehoben wird es; in den Sattel wälzt sich ein schwerfälliger Picador; durch Prügel, Stossen, Schieben und Drängen wird das Thier, dessen Auge schon erlischt und dessen Knie zusammenbrechen, dem Stier vorgeführt;*) der Reiter biegt es links ab, dem Stier so die blutige Flanke bietend; er reizt ihn durch Schimpfworte und durch Zucken mit der Lanze — mehr darf ein Picador nach den Regeln der Plaza nicht thun, er darf den Stier nie selbst angreifen — und was ist die Folge? Der Stier verachtet das arme Opfer und wendet sich ab! Ein Trompetenstoss ertönt, das arme Pferd wird herausgeführt, um — eine Viertelstunde später zitternd, blutend, wankend, sterbend, — besteht sein Inneres doch, ausser Lunge und Herz, nur noch aus Werg, — aber immer noch nicht ganz todt, dem nächsten Stier vorgeprügelt zu

*) Vergl. auch Tafel II.

werden, der seinem elenden Dasein glücklicherweise ein
Ende macht. Wohl scheint hier die oft gebrauchte Redensart:
„Die Feder sträubt sich, die Einzelheiten des Stiergefechts
wiederzugeben“, berechtigt, aber durch solche Redensarten
wird dem Leser keine Möglichkeit geboten, sich von den
täglichen Szenen auf der Plaza wirklich ein richtiges Bild
zu machen.

Ich könnte solche Beschreibungen nach meinen Erleb-
nissen bis ins Unendliche ausdehnen, glaube aber, dass das
Geschilderte vollkommen genügt, um die Leser und Lese-
rinnen mit Ekel und Abscheu vor der empörenden Rohheit
und Grausamkeit, ohne welche aber das einzige, vergötterte
Nationalfest des Spaniers gar nicht denkbar ist, zu erfüllen.

„*Quantos caballos?*“ „wieviel Pferde?“ — das Wort
„*muertos*“, „todt“, versteht sich von selbst und wird darum
ausgelassen — ist die stehende Frage, die der Spanier an
den Landsmann richtet, sobald die Rede auf irgend ein
Stiergefecht kommt; nach der Zahl der todten Pferde wird
die *Corrida* beurtheilt. Einer zufällig mir vorliegenden
Nummer des „*Imparcial*“, einer der besten spanischen
Zeitungen, entnehme ich z. B. folgende Telegramme:

„Madrid, 30. Mai. Die Stiere von Lizado hielten
sich vorgestern während des ganzen Gefechts in Palma
gut; sie tödteten 16 Pferde.“

„Alicante, 30. Mai. Gestern traten die Stiere von
Don Maximo Hernán auf; es starben 16 Pferde.“

„Calatayud, 30. Mai. Stiere von Segura de Cala-

horra; 23 Pferde; „*Entusiasmo indescriptible.*" „Unbe-
schreiblicher Enthusiasmus!"

„Teruel, 30. Mai. Stiere mittelmässig : 6 Pferde" u.s.w.

Von diesem einen Tage — es war allerdings ein hoher
kirchlicher Feiertag, der Pfingstmontag — wird in jener
Zeitung, die ich mir zufällig einsteckte, von 121 getödteten
Pferden berichtet!

Diese Pferde, so erbärmlich sie auch sind, kosten
immerhin Geld; man muss aber nicht glauben, dass in
kleineren Orten, wo man über bescheidenere Mittel
verfügt, die Stiergefechte weniger widerlich seien. Im
Gegentheil! man spart dort an Pferden; man prügelt die
armen blutenden Thiere mit klaffenden Wunden und
schleifenden Gedärmen immer wieder von Neuem gegen
den Stier, während man in grösseren Städten denselben
schon eher einen Gnadenstoss giebt, wenn der Stier genug
des grausamen Spiels hat, damit nachher die Zahl der getödteten Pferde eine möglichst grosse sei. Die nackten
Pferdekadaver bleiben bis zu Ende eines jeden Kampfes,
also bis zum Tode des Stiers in der Arena. Ich habe
häufig sieben von ein und demselben Stier getödtete Klepper
mit zerrissenen Leibern auf dem Sande herumliegen gesehen.

Man braucht durchaus kein prinzipieller Gegner der
Stiergefechte als solche zu sein, um sich gegen diese
empörende Pferdequälerei zu wenden. Der Stier wird ja
auch zu Tode gequält, aber der ist nun einmal ein wildes

Thier, das seinen Henkern allerdings nie etwas zu Leide gethan hat (ebensowenig wie bei uns in Deutschland der Fuchs, Eber oder Hirsch den Rothröcken, die sie zu Tode hetzen). Würden die Pferde bei den Stiergefechten geschont, so könnte man bei dem vielen Aufregenden und Anziehenden, das diese Schaustellungen jedem Freunde körperlicher Uebungen sonst bieten, vielleicht ein Auge zudrücken: mit den modernen Stiergefechten aber wird sich ein gebildeter Europäer — Spanien gehört in dieser Beziehung doch höchstens geographisch zu unserm Kontinent, dessen Kulturrumpelkammer es zu bilden scheint — nie versöhnen können. Man kann sich am Ende an Alles, selbst auch an diese Pferdeschinderei gewöhnen, im Allgemeinen aber habe ich bemerkt, dass der Nichtspanier, sobald seine Nerven in dieser Beziehung abgestumpft sind, sich bei den Stiergefechten sehr bald dermassen langweilt, dass er überhaupt keines mehr besucht. Er würde ebensowenig zu seinem Vergnügen zweimal wöchentlich das Schlachthaus betreten. Der Spanier aber schwärmt für seine Stiergefechte, er schwelgt in ihnen weil er Blut sehen will, er lechzt eben nach Blut und zwar nach Pferdeblut viel mehr wie nach dem des Stiers.

Bei den früheren Stiergefechten wurden, wie wir oben gesehen, die Pferde immer geschont: ich habe hochinteressante *Corridas* in der Habana und in Mejico gesehen, bei welchen den prächtig zugerittenen Pferden nie das geringste Leid geschah, und kann sehr gut verstehen,

dass man sich hierfür begeistern kann; aber für das Todt-
quälen der wehrlosen Pferde in Spanien — niemals!

Wie schon bemerkt, hängt die Länge eines jeden der
drei Akte eines Stiergefechts von dem Ermessen des Präsidenten ab, der die Laune der ihn umgebenden viel-
tausendköpfigen Menge ganz genau kennt, und deren
Gefühle mitempfindet. Im Allgemeinen dauert jeder Akt
ungefähr 10 Minuten. Tödtet der Stier Pferde, so besteigen
die Picadores, sofern sie nicht selbst durch den Sturz
übel zugerichtet sind (in welchem Fall Kollegen für sie
einspringen), fortwährend ein frisches Thier nach dem
andern. Wollen dagegen die Picadores ihre Pferde schonen,
so können sie dies sehr leicht, da dem Stier die, wenn
auch nur zolltiefen Nackenstiche der Garrocha, die er
aus seiner Jugendzeit noch nicht vergessen hat, äusserst
empfindlich sind; berühmte Picadores, von denen man
weiss, dass sie weder den Sturz noch den Stier scheuen,
und die darum den Vorwurf der Feigheit nicht zu fürchten
brauchen, halten sich denn auch den Stier gelegentlich vom
Leibe und es macht einen eigenthümlichen Eindruck, den
Mann, die Lanze unter dem Arm eingeklemmt, auf seinem
klapperbeinigen Gaul den starken, wuthschnaubenden Stier
nur durch die spitze Stange, gegen die er vergeblich vor-
drängt, im Schach halten zu sehen.

Das Pferd sieht und hört, wie schon bemerkt, gar
nichts: stösst es der Stier etwa von hinten, so schlagen
auch die elendesten Pferdeskelette mit voller Energie aus

und versetzen dem Stier oft empfindliche Fusstritte. In
den meisten Fällen aber dreht der Picador mit Hülfe der
prügelnden Henkersknechte sein Pferd so, dass das Horn
des Stiers vorn vor dem Gurt sich einbohrt. —
Der Präsident giebt ein Zeichen. Ein Trompetenanstoss
ertönt; die Picadores verlassen die Arena: die noch nicht
ganz todten herumliegenden Pferde werden abgefangen,
und der zweite Akt des Stiergefechts beginnt.

Von allen Seiten schwärmen die *Chulos*, diese flinken
Gesellen in ihrer schillernden Tracht heran, um den Stier
mit ihren Mänteln, *Capas*, zu reizen und zu ermüden.

Der Stier ist jetzt schon lange nicht mehr das wilde,
wüthende Thier, wie bei seinem Eintritt in die Arena.
Er hat genug des grausamen Spiels, mit schmerzendem,
blutendem Nacken und trockner Zunge möchte er vor
Allem Ruhe, zumal aber etwas zu trinken haben.

Da nahen sich die *Chulos* wie die Mosquitos; der eine
lacht den Stier aus, der andere ärgert ihn durch seinen
rothen Mantel, der dritte zupft ihm am Schweif, und der
Stier, seinen Durst und seine Müdigkeit vergessend, stürmt
immer von Neuem hinter den flatternden Burschen her,
um stets aufs Neue in die Luft zu stossen; oft fasst er die
Mäntel, an denen er dann seine Wuth auslässt. Bis mitten
in die Arena folgen ihm seine unausstehlichen Feinde —
plötzlich nimmt er einen derselben aufs Korn und stürzt in
voller Carrière auf den Fliehenden los. Aus zehntausend
Kehlen ertönt ein Angstschrei, der Meilen weit zu hören ist:

zehntausend Menschen erheben sich von ihren Sitzen und starren in die Arena. Da! ein Bravo! wie der Blitz ist der Chulo über die Schranken gesprungen, in welche der Stier seine spitzen Hörner zolltief einbohrt.

Brausendes Beifallsgetöse ertönt aus denselben Kehlen, die eben noch durch Angst und Aufregung zugeschnürt schienen; ein Hagel von brennenden Cigaretten, Orangenresten, zerbrochenen Spazierstöcken und Fächern rasselt auf den Stier, der sich mit Mühe aus seiner eigenthümlichen Gefangenschaft befreit und der Chulo springt an irgend einer anderen Stelle lächelnd wieder in die Arena.

Hätte der Stier den Menschen aufgespiesst, so wäre ihm natürlich ein noch viel tosenderer Beifall zu Theil geworden, wie dieses Mal dem Chulo. —

Inzwischen haben sich die *Banderilleros* kampfbereit gemacht. Der Stier ist dagegen noch müder, durstiger, oft auch wüthender, meist aber viel friedfertiger geworden wie bisher. Er möchte weg von den bösen Menschen; vergeblich sucht er durch einen Sprung über die Schranken zu entkommen; die Zunge hängt ihm aus dem Maul; ängstlich drängt er sich an die Schranken; oft legt er sich auch ganz ruhig nieder, als wolle er sagen: „Der Klügere giebt nach; ich spiele nicht mehr mit."

Aber seine Quälgeister lassen ihm keine Ruhe; der *Homo sapiens* oder vielmehr *Mono sabio* will Blut sehen.

Es erscheinen die *Banderilleros*, die flinksten und gewandtesten unter den *Chulos*; die Rolle, welche sie beim

Stiergefecht zu spielen haben, ist eine der schwierigsten und gefährlichsten. Sie halten in jeder Hand eine *Banderilla*

Banderillas.

(wörtlich „Fähnlein") ein 70 cm langes, mit Papierschnitzeln und allerhand Flitter beliebig aufgeputztes Stöckchen, an welchem vorne ein 5 cm langer stählerner Widerhaken angebracht ist. Diese hoch erhoben, tänzeln sie bis auf wenige Schritte auf den Stier zu, denselben durch Zurufe, Lachen und Zusammenschlagen der *Banderillas* reizend; auch die übrigen *Chulos* ärgern den Stier von Neuem mit allen Mitteln, bis er wieder ungemüthlich oder wüthend wird: Diesen elenden, glitzernden Fant da dicht vor sich kann er doch wohl noch über den Haufen rennen! Er senkt den Kopf, stürmt los und! — in demselben Augenblick, in welchem er den *Banderillero* in der Luft zu zappeln wähnt, hat ihm dieser, blitzschnell zur Seite springend. gerade zwischen die Hörner hindurch die beiden Widerhaken in den Nacken gestossen. Dieses Kunststück, welches von Seiten der Banderilleros ausserordentlich viel Kaltblütigkeit, Gewandtheit und Muth — einen Muth, den nur der ganz verstehen wird, der einmal ein wüthendes Stück Vieh vor oder hinter sich gesehen hat — erfordert, wird zwei oder drei Mal wiederholt.

Die Wirkung der *Banderillas* auf den Stier ist eine ganz merkwürdige. Die Stiche müssen sehr schmerzhaft sein, die herabbaumelnden Dinger ärgern den Stier ausserdem aufs Aeusserste. kurz, laut vor Schmerz und Wuth brüllend. Schaum vor dem Munde, beginnt er, gerade wie ein Ziegenbock, Luftsprünge zu machen und in einer Weise, die man bei einem so schwerfälligen Thier gar nicht erwartet, herumzutanzen.

Je lauter und heftiger der Stier seinen Schmerz äussert, desto seliger ist das Publikum; noch seliger ist es natürlich, wenn der Banderillero zu Tode getroffen in die Luft fliegt.

Dem überhetzten Stier geht aber jetzt, wenn er merkt, dass er sich dieser Pfäle in seinem Fleisch nicht entledigen kann, und dass ihm seine Peiniger trotz all seiner Anstrengungen doch stets entgehen, meist der Muth aus. Er scharrt und stampft mit den Füssen, geht rückwärts, drängt vergeblich nach allen Ausgängen; er brüllt wehmüthig, als erinnere er sich der heimathlichen Gefilde Andalusiens, beinahe flehentlich scheint er um Gnade und Freiheit zu bitten.

Aber hier giebt es ja keine Gnade und gerade der Um-
stand, dass jeder Stier, sei er noch so muthig und tapfer.
ohne Gnade im Stiergefecht sterben muss, kann diesem
bei uns keine Freunde gewinnen. Ein braver Stier, der
ohne Zaudern ein Paar Picadores über den Haufen rennt,
der den Chulos und Banderilleros muthig entgegentritt und
dessen Muth und Wuth trotz aller späteren Quälereien un-
gebrochen bleibt. er verdiente wirklich, dass man ihm das
Leben schenkte und ihn den Rest seiner Tage im Kreise
seiner Familie in Ruhe beschliessen liesse. Aber der
Spanier kennt eben kein Mitleid. Gleichviel ob tapfer oder
nicht, der Stier muss sterben.

Nun kommt es aber oft vor. dass der Stier hierzu
nicht die geringste Lust empfindet und, ohne gerade feige zu
sein, abgehetzt und übermüdet wie er ist. allmälig so
gemüthlich wird, wie die zahmste Kuh. Aber auch hier-
gegen giebt es Mittel.

Fuego! „Feuer"! ruft der souveräne Pöbel und sofort
erscheinen die Banderilleros mit einer Art Raketen. die
beim Einstossen in den Stiernacken sich entzünden und
den Schmerz der Brandwunden mit dem der Wiederhaken
verbinden. Die Freude und das Jauchzen des Publikums
bei dem Brüllen und Springen des brennenden, blutenden
Thiers sind unbeschreiblich. Ein brenzlicher Geruch wie
man ihn sattsam von den Leichenverbrennungen in Indien
oder Siam her kennen kann, erfüllt die Arena. Mit demselben Wohlgefallen athmet ihn heute der Spanier ein, mit

welchem er vor 200 Jahren die Düfte der brennenden
Ketzer. Juden und Mauren einsog.*)

Der Stier verliert jetzt häufig allen und jeden Muth.
und reagirt einfach auf gar nichts mehr. In diesem Falle
verurtheilt ihn das Publikum, das ihn des Todes durch die
Hand des professionellen Henkers nicht würdig erachtet,
zu einem, nach spanischer Auffassung schmachvollen Ende.

Entweder einer der Henkersknechte schneidet ihm von
hinten, durch ein auf einem langen Stocke befestigtes halb-
mondförmiges Messer die Kniekehlen oder Fesseln durch
(desjarretar) und giebt dem hülflos über den Boden sich
schleppenden Thiere dann durch einen Genickstoss den
Rest. oder das Publikum befiehlt „die Hunde" „*los perros*"
heran. Eine Meute wird dann losgelassen. die den Stier in
wenigen Minuten zerfleischt.

Abgesehen von diesem widerlichen Schauspiel, das sich
aber *mutatis mutandis* am Ende in ähnlicher Weise bei
jeder europäischen Hetzjagd abspielt, bietet gerade der
zweite Akt des Stiergefechts den darin auftretenden *Toreros*
vielfach Gelegenheit, in interessanten Szenen und aufregenden
Zwischenfällen ihr Talent und ihre Kunst zur Geltung zu

*) Nachdem obige Zeilen geschrieben waren, fand ich
in dem schon S. 50 angeführten ausgezeichneten Werke von
Fr. Dernburg folgende Worte: „Die Autos da fé sind ver-
schwunden, aber in den Stiergefechten, in den blutigen
Revolutionen, die auch eine Art Sport bilden, lebt das alte
Spanien in unsere moderne Zeit hinein."

bringen und die Nerven der Zuschauer aufs höchste an-
zuspannen.

In Habana stiess z. B. ein Banderillero, der auf Stelzen
in der Arena erschien, dem Stier die Widerhaken in den
Nacken.

Ebendaselbst liess sich ein Chulo vom Stier bis an die
Schranken verfolgen, sprang aber nicht über dieselben,
sondern wandte sich in demselben Augenblick, in welchem
Jeder ihn angenagelt wähnte, um, und grüsste lächelnd
mitten aus den Hörnern heraus, die der Stier, ohne ihn
in irgend einer Weise zu verletzen, zu seiner Rechten
und Linken in die Planken eingebohrt hatte, das vor
Schreck und Freude halb wahnsinnige Publikum.

In Barcelona kniete Lagartijo mitten in der Arena
nieder, seinen rothen Mantel etwa wie ein Tischtuch vor
sich ausbreitend. Der Stier rannte heran und — galoppirte
in der nächsten Sekunde, ohne den Mann in irgend einer
Weise verletzt zu haben, mit dessen Mantel auf den
Hörnern weiter. Lagartijo hatte sich nicht von der Stelle
bewegt, sondern nur dem Stier, der sich blindlings auf
den rothen Mantel gestürzt hatte, diesen vor der Nase seitwärts weggezogen und alsdann überlassen. Es war eine
der schönsten *Suertes*, die ich jemals gesehen.

In Córdoba ging ein Chulo, die Lanze des Picador in
Händen, dem Stier bis in die Mitte, also bis zum gefähr-
lichsten Punkt der Arena entgegen. Sobald der Stier zum
Angriff vorging, lief auch unser Chulo los und in dem-

selben Augenblick, in welchem der Stier den Kopf zum
Stoss senkte, pflanzte der Chulo seine Garrocha wie einen
Springstock vor dessen Nase auf die Erde und setzte,
während ersterer die Stange zerbrach, der Länge nach über
ihn weg.

Diese *Suerte* wurde zuerst von Pepe Illo ausgeführt.
Macht ein Stier einen etwas dummerhaftigen Eindruck,
so springen ihm die flinken Chulos häufig über den Kopf,
indem sie zum Sprung mit einem Fuss auf seiner breiten
Stirn ansetzen; auch ärgern sie ihn, indem sie ihre Hüte
auf seine Hörner hängen oder auf seine Stirn legen und
dann wieder herabnehmen. Bei allen diesen Scherzen kann
die geringste unerwartete Bewegung des Stiers sichern Tod
des betreffenden *Torero* bedeuten.

Ein beinahe unglaubliches Kunststück, das ich aber
mehrmals ausgeführt sah, und das darum nicht so schwer
sein kann wie es aussieht, ist folgendes: der Banderillero
setzt sich mit gekreuzten Beinen, die Banderillas zum Stoss
erhoben, auf einen Rohrstuhl mitten in die Arena. Der
Stier wird auf ihn gehetzt und greift ihn plötzlich an. Ehe
man nun Zeit hat sich darüber klar zu werden, was vorgeht, sieht man den Stuhl hoch in der Luft wirbeln, den
Banderillero lachend davontänzeln, den Stier aber, mit
seinen Widerhaken im Nacken, vor Wuth und Schmerz
brüllend, Bocksprünge vollführen. Wie der Stierkämpfer
das anfängt, ist mir ein Räthsel.

Eine wirklich prächtige *Suerte* der Chulos ist ferner
das Kunststück, mit seitwärts ausgestrecktem rechten Arm,

auf dem der rothe Mantel ruht, das wüthende Thier auf
sich zu locken, sodann nicht nur ohne sich umzuschen —
nein, ohne mit den Wimpern zu zucken, die *Capa* elegant
vom rechten Arm über den Rücken hinweg nach links
zu werfen und die schnaubende Bestie mit dem eroberten
Mantel auf den Hörnern unter dem linken Arm hervor-
rasen zu lassen. Man kann dieses Treiben als Tollkühnheit
oder Prahlerei bezeichnen, aber es steckt doch ein gut
Theil wirklichen Muths dahinter. — ˙

Nachdem auch dieser Akt sich mit mehr oder minder
blutigen Zwischenfällen abgespielt hat, ertönt auf Befehl
des Präsidenten das Signal zum dritten und letzten Mal. —
Die Todesstunde des Stiers hat geschlagen:

Elegant und selbstbewusst, halb Held, halb Seiltänzer,
tritt der Espada, das *Enfant gâté* jedes Spaniers und jeder
Spanierin, in die Arena. Wie ich schon hervorhob, sind
diese *Espadas* — (das Wort „*Matador*" hört man sehr
selten in Spanien, es bedeutet „Tödter", „*Espada*" dagegen
„Degen") — abgesehen von ihrer prächtigen und kleid-
samen Tracht, durchgehend auffallend schön gewachsene
Menschen mit Muskeln und Sehnen wie aus Stahl.

Die Gesichtszüge dieser Leute sind selbstverständlich
nichtssagend oder roh; nur Frascuelo*) besitzt sympathische
Züge; sein Haar ist bereits stark ergraut.

---

*) Die Namen „Frascuelo" u. s. w. sind nur Spitz-
oder Kosenamen. Frascuelo heisst wirklich Salvador
Sanchez. Vergl. sein Bild auf dem Umschlage dieser
Abhandlung.

Espada.

Mit unnachahmlicher Anmuth und Grandezza schreitet unser Held. die *Montera*. den bekannten andalusischen Filzhut mit aufgeklapptem Rand und schwarzen „Pompons" auf dem in altspanischer Weise frisirten Haupte, mit der *Muleta*. dem an einem kurzen Stock befestigten rothen Stück Tuch, und der *Espada*, einem 85—90 ctm. langen starken Stossdegen ausgerüstet vor die Loge des Präsidenten. (In dem Griff des Degens finden nur die drei letzten Finger der Hand Platz. während Daumen und Zeigefinger wie beim Fleuret angelegt werden. Beim Stoss ist es die auf dem gepolsterten Knaufe des Degens ruhende Daumenwurzel, die der Waffe Kraft verleiht.)

Der Espada grüsst den Vorsitzenden, den Hut in der hocherhobenen Rechten und ruft ihm ein Paar unverständliche Sätze zu, in denen er *pro forma* um die Erlaubniss bittet, den Stier in einer *Suerte* zu Ehren „Seiner Majestät und des hochansehnlichen Publikums" zu tödten. Dann schleudert er seine Kopfbedeckung mit einer

eigenthümlichen Bewegung über den Rücken so in die
Höhe, dass dieselbe über seine linke Schulter hinweg ins
Publikum fliegt, wo man sich um diesen Talisman ebenso
wie vorher um die Mäntel der *Toreros* reisst. Erst jetzt
wendet er sich gegen den Stier, den er bis dahin anscheinend keines Blicks würdig erachtet hat und der selbst
meist froh ist, einige Minuten in Ruhe gelassen zu werden.

In Barcelona hielt jüngst der Espada in seiner Rede
vor dem Präsidenten, dem Bürgermeister der Stadt, plötzlich
inne und rief ihm zu: „Wenn Sie nicht gefälligst Ihren
Hut abnehmen, so lange ich mit Ihnen spreche, so werde
ich den Stier nicht tödten." Das entzückte Publikum
zischte und brüllte so lange, bis der Wunsch, oder vielmehr Befehl des Espada erfüllt war.

Dieser Vorfall dürfte genügend die Frechheiten charak-
terisiren, welche Stierkämpfer und Zuschauer sich heraus-
nehmen können. —

Die *Chulos*, die dem Espada den Stier „bringen" bezw.
zutreiben müssen, beginnen jetzt wieder ihr Spiel, bis der
Espada ihnen abwinkt und dem Stier allein gegenüber
bleibt. Auch der Fremde merkt, dass die Sache ernster
wird. Eine gewisse feierliche Stimmung scheint sich der
ganzen Zuschauerschaft zu bemächtigen. Der Espada reizt
erst den Stier mit der rothen Muleta, (die, nach Rueda,
nicht so gross wie eine Kirchenfahne und nicht so klein
wie das Taschentuch einer Dame sein darf), er kitzelt ihm
damit die Nase, lässt ihm dieselbe vor den Augen flattern,

den Stier dabei stets auf das genauste beobachtend. Ueber diese verschiedenen „Suertes", von denen der Nichtspanier nichts versteht, und deren Gefährlichkeit er meist gar nicht erkennt, sind sicher mehr Bücher in Spanien geschrieben worden, wie über manche Wissenschaft, trotz aller spanischen Universitäten und Akademien; dieselben müssen ausserordentlich schwer und gefährlich sein.

Endlich hält der Espada den günstigen Augenblick für gekommen: Den Degen in der bis zur Höhe des Ohrs eingezogenen Rechten zum Stoss bereit, die Muleta mit der Linken leicht bewegend, bildet er mit dem zwei oder drei Schritte vor ihm stehenden Stier eine Gruppe von meist klassischer Schönheit.*)

In derselben Sekunde, in welcher der Stier dann zum Angriff übergeht, stösst ihm der Espada den Degen in die bestimmte Stelle des Nackens und lässt das Thier in die beinahe meterlange Waffe bis an den Griff derselben hineinrennen.

Wie vom Blitz getroffen kann der Stier zusammenstürzen; meist aber steht er betäubt da; hülflos tönt sein klägliches Brüllen; Blut entströmt seinem Maule. Wieder ärgern und quälen ihn die *Chulos* und zwingen ihn so zu Bewegungen, bei denen er mit dem langen Stahl sein Inneres immer mehr zerfleischt, bis seine Augen zu brechen beginnen und seine Bewegungen schwankend werden. Müde

---

*) Vergl. Tafel I.

und matt schleppt sich das arme brave Thier an die Schranken, legt sich schwerfällig nieder, streckt den mächtigen Kopf von sich und stirbt.

Die grösste Leistung des Espada besteht darin, den Stier in der eben geschilderten Weise nicht nur durch einen Stoss ins Herz sofort zu tödten, sondern dem Hinstürzenden wieder den langen Degen aus der Wunde zu ziehen, so dass der Stier unverletzt erscheint. Ich habe das nur ein einziges Mal gesehen.

Wenn sich nun im Verlauf dieser Skizze mehrmals Gelegenheit bot, von tosendem Beifall des Publikums zu reden, so übertrifft das Gebrüll, Gejauchze, Klatschen und Pfeifen, das bei einem guten Stoss des Espada ausbricht, alles bisher Dagewesene. Es ist, als wenn die Menschen plötzlich sämmtlich verrückt geworden wären. Selbst die stärksten steinernen Amphitheater erzittern bei dem Stampfen und Toben. Man muss solche Szenen erlebt haben, um sich eine Vorstellung davon machen zu können.

Der glückliche Espada macht die Runde durch die Arena und wird mit Wolken von Hüten, Zigarren, Orangen und sonstigen Schätzen überschüttet. Ein Tross von Henkersknechten folgt dem Helden des Augenblicks, steckt die Orangen und Zigarren ein — der Espada selbst raucht viel bessere Habanas wie seine reichsten Gönner — überreicht ihm aber die aufgelesenen Hüte, welche er mit grösster Ruhe und Sicherheit ihren Besitzern wieder zuwirft.

Es giebt kaum etwas Bezeichnenderes für den Spanier
wie diese Beifallsbezeugung durch Zuwerfen des Huts: sie
macht viel Effekt und kostet nichts. Früher warfen die
Hidalgos goldgefüllte Börsen in die Arena; jetzt schleudert
der Spanier seinen eigens dazu mitgebrachten *Sombrero* in
den Sand, bekommt ihn zurück, staubt ihn ab, schmückt mit
ihm aufs Neue sein Haupt und ist stolz wie ein König!

Der Schlussakt jeden Gefechts spielt sich übrigens nur
selten so glatt ab, wie eben geschildert wurde. Abgesehen
von den Fällen, in denen der Stier flinker ist wie der Espada
und, statt dessen Stoss abzuwarten, diesen selbst aufspiesst,
ein Fall, für den immer durch einen Ersatzmann gesorgt
ist, missglückt dem Espada der Stoss sehr häufig. Der
Degen bleibt entweder im Genick oder in den Rippen
stecken, oder er dringt nicht tief genug ein und fällt bei
den nächsten Sprüngen des Stiers wieder heraus, oder der
Matador verfehlt in Folge einer unerwarteten Bewegung
des Stiers sein Ziel ganz und gar — kurz, es können sich
da unzählige unberechenbare Zwischenfälle ereignen und
gerade darum ist bei dieser Szene des Stiergefechts die
Spannung des Publikums am grössten.

Hat der Espada einen schlechten Tag, so wird er
nicht nur eben so stürmisch ausgepfiffen, ausgezischt und
verhöhnt, wie er im andern Fall bejubelt wird, sondern
das Publikum bombardirt ihn auch mit faulen Orangen,
leeren Flaschen, ja selbst mit Stühlen und Bänken. Als

Mazzantini kürzlich in Mexiko nicht zur Zufriedenheit der Zuschauer arbeitete, schleuderten diese eine solche Menge Stühle in die Arena, dass die Fortsetzung des Stiergefechts unmöglich wurde. Eine spanische Zeitung berichtete allerdings daraufhin, es sei ein *Conflicto diplomatico* zwischen Spanien und Mexiko zu befürchten: ein anderes Blatt schrieb, „es könne nicht mehr sagen, als dass die *Augusta* und *sacrosanta Plaza de Toros* von Mexiko den Eindruck eines *Sucursal* des Königreichs Dáhomey (NB. wegen der Stühle, nicht wegen des Bluts) gemacht habe."

Zeigt der Stier keine Lust zum Angriff, so muss ihn der Espada angreifen: er stösst ihm dann den Degen mit seiner ganzen Kraft bis ans Heft zwischen den Hörnern hindurch in den Leib. Diese *Suerte „à volapié"*, „fliegenden Fusses", ist noch bedeutend schwerer wie die erste, bei welcher der Stier sich selbst in die Waffe hineinstürzt.

Ich vergass zu erwähnen, dass, sobald der Stier durch seine Bewegungen verräth, dass sein Leben nur noch nach Minuten zählt, das Orchester spanische Weisen anstimmt. Während das arme Thier verblutet, wiegt sich das Publikum bei den Klängen einer „Jota" oder „Habanera!"

Wenn ein schlecht getroffener Stier, der nicht leben und nicht sterben kann, mit etwa drei Degen im Leibe brüllend und blutend im Zirkus herumrennt und seine Wuth an den ihn umgebenden Pferdeleichen auslässt, so ist das für den Fremden ein ebenso widerlicher Anblick wie

die vorhergehende Thierquälerei der Pferde. Diese Szenen
verfehlen aber nie die unbändigste Heiterkeit des Publikums
hervorzurufen. Der Stier hat ein zähes Leben, er kann,
wenn auch tödtlich getroffen und aus unzähligen Wunden
blutend, seine Gegner noch lange Zeit im Schach halten.
In solchen Fällen sticht ihn der Espada zuweilen mit dem
Degen ins Genick, worauf er sofort todt zusammenfällt.
oder einer der Knechte giebt ihm mit einem Dolchstoss
den Rest. —

Das Publikum erhebt sich, um die ermüdeten Beine
etwas zu strecken: das Maulthiergespann, von peitschen-
knallenden Knechten angetrieben, galoppirt in die Arena;
die todten Pferde werden an einem Strick um den Hals,
der Stier an einem solchen um die Hörner einmal durch
den Zirkus und dann hinausgeschleift — ebenfalls ein
hässliches Schauspiel, diese starren, blutigen, zerfetzten
Kadaver; einige Blutlachen werden mit Sand bestreut, nicht
etwa aus Zartgefühl, sondern damit Niemand darin aus-
gleite; ein Trompetensignal erschallt; das Publikum lässt
sich wieder auf seine Sitze nieder: Die Picadores auf ihren
Kleppern erscheinen aufs Neue in der Arena und dieselbe
Geschichte, wie eben skizzirt, fängt wieder von vorne an.

Und solchen Stier- und Pferdehetzen wohnt
nun jeder Spanier, wenn er irgendwie kann,
während 6 Monate im Jahr Sonntag für Sonntag,
in Madrid und den anderen grossen Städten auch
noch, abgesehen von den *Corridas extraordi-*

narias, Donnerstag für Donnerstag hinter einander bei!*)

Die kalte Jahreszeit eignet sich nicht zur Abhaltung der Stiergefechte unter freiem Himmel, auch sind die Stiere aus gewissen Gründen während dieser Zeit nicht bösartig genug, darum unterhält sich die liebe Strassen- und übrige Jugend während dieser Unterbrechung mit dem Aergern und Quälen von *Novillos* mit verbundenen Hörnern, mit *Mogigangas.* Mummereien, bei denen verkleidete „Herren" und „Damen" oder sonstige „Spezialitäten" die Arena betreten. Auch hierbei feiern nur Rohheit und Thierquälerei Orgien; es kommt z. B. durchaus nicht selten vor, dass das ganze Publikum in die Arena dringt, um einen armen Bullen mit Taschenmessern zu zerfleischen, ein schauderhafter Anblick!

Hier sei es eben gestattet, ein Wort über die Stiergefechte in Portugal einzuflechten. Dieselben spielen dort auch nicht annähernd die Rolle wie in Spanien, dafür entbehren sie aber auch allen und jeden Reizes, den selbst der Fremde den blutigen Festen in Spanien nicht absprechen

---

*) Feldmarschall Graf Moltke schreibt in seinem „Wanderbuch" (Berlin 1879. p. 159): „Dies ist nun das Schauspiel, welches die Spanier über Alles lieben, an dem die zartesten Frauen Theil nehmen und dem die jung (d. h. gestern) vermählte Infantin zulächelte! — Was mich betrifft, so habe ich an einem Stiergefecht vollkommen genug gehabt."

kann. Die Stiere mit verbundenen Hörnern und die Pferde
werden nur gequält, sehr selten getödtet: die Kämpfer
laufen keinerlei Gefahr. Die höheren Klassen der portu-
gisischen Gesellschaft und des Volks bleiben dem Treiben
fern. —

Werfen wir, bevor wir die Plaza verlassen, noch einen
Blick auf einen der Misthaufen neben den Ställen. Da
liegen 10, 20 oder 30 übelriechende, verstümmelte Pferdeleichen; neben diesen 3 oder 4 todte Stiere, die, noch
rauchend für den Verbrauch zerschnitten werden; daneben
stöhnen vielleicht einige Stierkämpfer mit zerbrochenen
Gliedern, denen ein Priester die letzte Oelung verabreicht,
während der Chorknabe, das Räuchergefäss zwar eifrig
schwingend, nur nach den von der Plaza herkommenden
Tönen lauscht. Theilnahmlos und geschäftig kommen und
gehen die Picadores, um, nachdem sie rasch ein Glas
Branntwein getrunken oder sich ihrer speziellen Jungfrau
Maria empfohlen, in die Arena zu reiten. Höher erhebt
sich der Leichenhaufen; immer mehr todte Pferde, Stiere
und verwundete Menschen werden herangeschleift; mit
Blut ist der Misthaufen durchtränkt; Blut sickert durch
die Gänge; die ganze Atmosphäre riecht nach Blut, aber
drinnen bittet und bettelt, tost und brüllt die Menge:
Noch einen Stier! *„Mas un toro, un toro de gracia!"*

Langeweile bewog uns zum Aufbruch; Ekel be-
schleunigt unsern Rückzug.

Ich habe in vorstehenden Zeilen, unter Vermeidung
irgend welcher Uebertreibung oder Schwarz- (bezw. Roth-)
färberei versucht, ein, wenn auch flüchtiges, so doch ge-
treues Bild der heutigen Stiergefechte in Spanien zu ent-
werfen. Da erscheint es doch wohl berechtigt die Frage auf-
zuwerfen: Was soll man von einem Volk denken, das über
diesen elenden Stiergefechten, seine ganze glorreiche Ver-
gangenheit, in politischer, künstlerischer, kaufmännischer,
überhaupt in jeder Beziehung vergessen hat? Mir ist es
vollkommen unverständlich, wie ein deutscher Schriftsteller
Sätze, wie die folgenden schreiben kann:

„Das lässt sich nicht leugnen, dass die Stiergefechte
wie kein anderes Schauspiel geeignet sind, den persön-
lichen Muth unter den Zuschauern zu wecken und zu
stählen, die unmoralische Weichlichkeit und übergrosse
Sentimentalität zu bannen und den kriegerischen Sinn des
spanischen Volkes immer wieder von Neuem zu beleben."*)

Gegen solche Behauptungen möchte ich doch, abgesehen davon, dass der Verfasser uns den Beweis für
dieselben schuldig bleibt, mit aller Energie protestiren.

Ich behaupte, dass noch nie Jemand durch längeren
Aufenthalt in einem Schlachthaus oder durch häufiges Zu-
schauen bei Hinrichtungen tapfer oder muthig geworden
ist. Ich kann dem obigen Satz keinen schöneren und

*) M. Willkomm. Die Pyrenäische Halbinsel. „Wissen
der Gegenwart." XXXI. II. p. 104. M. 1.

besseren entgegenstellen, als die Worte zweier deutscher
Gelehrten. E. Guhl und W. Koner. welche dieselben bei
Besprechung der Gladiatorenkämpfe im alten Rom nieder-
schrieben:*)

„Schwerlich konnte ein solches Spiel mit Menschen-
leben, der Anblick klaffender Todeswunden und die vom
vilis sanguis der Sklaven und Miethlinge getränkte Arena
dazu beitragen. „die junge Generation mit dem blutigen
Würfelspiel wirklicher Schlachten vertraut zu machen und
ihren Muth gegen die Todesgefahr zu stählen" . . . es war
die schlau benutzte Schaulust der grossen Masse, welche
das Volk zu Zuschauern von Mordszenen machte,
die . . . jedenfalls jede Regung eines feineren Ge-
fühls ersticken mussten. Es waren dies eben nur
Sophismen, mit welchen man das Wohlgefallen an diesen
ruchlosen Schauspielen beschönigen wollte."**)

*) Das Leben der Griechen und Römer. p. 728.

**) Kürzlich stellt ein wassertrinkender und gemüse-
essender Engländer in einer durchaus ernst gehaltenen
Zuschrift an die „Truth" gelegentlich der Whitechapel-
morde Behauptungen wie folgende auf:

„Seitdem England sich dem radikalen Humanitaria-
nismus zugewandt habe, seien die Sicherheitsventile, deren
die menschliche Natur zur Loswerdung ihrer angeborenen
Wildheit bedürfe, unterdrückt worden. Früher besass
England seine Stier- und Bärenhetzen, seine öffentlichen
Hinrichtungen, seine Soldaten- und Matrosenpeitschungen
und seine Preisfaustkämpfe, durch die der Brite seine

Ich behaupte, dass der fortdauernde Anblick dieser
Martern, welche Menschen und Thiere für schnödes Geld
erdulden müssen, die Spanier beiderlei Geschlechts, die
sich dies „Vergnügen" von Jugend an für einige Franken
erkaufen, einfach verroht, dass die Spanier gerade durch
die alltäglichen Scheusslichkeiten der *Plaza de toros* zur
härtesten Gefühllosigkeit verwildern *) Man darf eben nie

Grausamkeit, die ebenso selbstverständlich sei wie Hunger,
Durst und Liebe, sättigte. Jetzt aber habe die schurken-
hafte und abgeschmackte radikale Gesetzgebung den Engländer fast ausser Stande gesetzt, Blut in seinem Leben zu
sehen, es sei denn, dass er ein halbrohes Hammelrippchen
esse oder sich in den Finger schneide. Weshalb seien die
Franzosen das glatteste Volk der Welt? Weil sie durch
ihre beständigen Revolutionen und durch die Guillotine
besänftigt wurden, wie die Spanier durch die Stiergefechte und die Italiener durch ihre bekannte Grausamkeit
gegen Thiere. Die Verstümmelungen in England würden
nicht eher aufhören, als bis man zu der Weisheit der Vor-
fahren zurückgekehrt und für die Massen eine gesetzliche
und vernünftige Barbarei wieder eingeführt habe." Ich
kann dem Manne nur antworten: „Sie gehören entweder
in ein Irren- oder in ein Zuchthaus."

*) In demselben Sinne schreibt auch Dernburg (l. c.
p. 78): „Immer ist von Blut die Rede! Und wie das Tödten
des Stiers hier eine hohe Kunst ist, so ist die Messerführung
im Kampf zwischen Mann und Mann nirgends zu einer
so wilden Virtuosität gediehen als in Spanien."

Die „Kölnische Zeitung" vom 3. September v. J.
schreibt gelegentlich des Varela-Skandals in Madrid: „es ist

vergessen, dass der Spanier, so lange nicht ein *Pronuncia-miento*, oder irgend ein anderer Vorgang in der Politik seine Aufmerksamkeit in Anspruch nimmt, überhaupt an gar nichts Anderes denkt, wie an seine Stiergefechte. Einem Freunde von mir, welcher, der spanischen Sprache nicht mächtig, mich auf meiner letzten Reise durch die iberische Halbinsel begleitete, hatte ich gesagt: „Achte auf das Wort *„toro"* oder *„toros"* (Stier), das wirst Du täglich, stündlich, ja jeden Augenblick hören." Meine Behauptung erwies sich als vollkommen richtig. Sechs Wochen lang bereisten wir Spanien und sechs Wochen lang hörten wir — in der Politik herrschte ausnahmsweise Ruhe — nichts wie „*toros*" und aber „*toros*". Es giebt kein beliebteres Spiel bei der spanischen Jugend wie „*toros*": Der Eine stellt den Stier vor, zwei

vor Allem nothwendig, dass die Stiergefechte mit ihrem Anhange von Liederlichkeit und Verbrechen weniger wie jetzt das Bewusstsein der Massen erfüllen. Früher fand in Madrid wöchentlich ein, jetzt dagegen zwei Stiergefechte statt, und stets wird bei vollem Hause gespielt. Was Wunder, wenn die Verbrecherstatistik im ganzen Lande erschreckende Ziffern aufweist."

Ebenso die „M. Allgemeine Zeitung" unter dem 14. Juli: „Mordthaten. Die Brutalität, die Sittenlosigkeit, welche in den niederen Volksklassen herrschen, fangen an, die Behörden zu beunruhigen und vergebens beginnt man nach Mitteln gegen die Zunahme dieser Verrohung zu suchen, die nicht zum kleinsten Theil den Stiergefechten zuzuschreiben ist."

Andere den Picador mit seinem Pferde, Andere die Chulos und übrigen Toreros. Das Spiel wird nach allen Regeln der Plaza ausgeführt. Die Herren Väter schauen wohlgefällig zu und machen ihre Sprösslinge auf jeden Verstoss gegen die Satzungen der modernen Tauromachie aufmerksam.

Der Spanier nimmt aber ferner nicht nur seine Frau und erwachsenen Töchter, sondern auch die heranwachsenden Kinder bis zum Säugling in das Stiergefecht mit.*) In einem Stiergefecht in Madrid sass hinter mir ein Herr mit seinem vielleicht sechsjährigen Töchterlein, welches mich zuerst durch sein Fächerspiel langweilte, dann, als ich mir dies in der höflichsten Weise verbeten hatte, einen Arm um meinen Hals schlang, um so stehend dem Stiergefecht mit der grössten Aufmerksamkeit zu folgen.

Als ein Stier sterbend zusammensank, rief sie laut: „Papa, Papa, stirbt der Stier?" „Natürlich! siehst Du das denn nicht," antwortete der ob der Unkenntniss in Stiersachen seiner schon sechsjährigen Tochter ganz empörte Vater. „Aber warum kommt denn nicht der Pfarrer und reicht ihm die Sterbesakramente?" frug das Mädchen voller Harmlosigkeit.

Dasselbe Kind rief bald darauf: „Papa, geht der Stier zur ersten Kommunion?" (in Berlin würde man sagen:

---

*) Vergl. Dernburg l. c. p. 24: „Die Anschlagzettel hatten darauf aufmerksam gemacht, dass Kinder nur, wenn sie noch an der Brust liegen, frei eingehen."

„wird der heute eingesegnet?"' Der Vater antwortet
mürrisch: „Stell nicht so dumme Fragen. Du siehst doch.
dass das ein Stier ist." Die Kleine liess sich aber nicht
einschüchtern, sondern schwatzte lustig weiter: „Weisst
Du, Papa. wenn ich einmal eingesegnet werde. möchte
ich auch mit so vielen bunten Bändern geschmückt sein,
wie es der Stier jetzt ist."

Solch kindliche Aeusserungen beweisen, dass die
modernen Spanier und Spanierinnen inmitten der blutigen
Szenen der Arena aufwachsen, ohne sich der Widerlichkeit
derselben bewusst zu werden. woraus aber noch lange
nicht folgt. wie von spanischer Seite so oft behauptet wird,
dass die Stiergefechte darum keinen demoralisirenden
Einfluss auf die Jugend ausübten. Ein Nichtspanier wird
nicht leicht eine junge Dame heirathen. deren einziges Vergnügen im Bejubeln der scheusslichen Thierquälereien der
Plaza besteht.

Während deutsche Väter ihren Kindern jede Thierquälerei auf das Strengste verbieten, führt der spanische
Vater seine Kinder in die Plaza. wo die erbärmlichste
Thierquälerei noch durch einen nationalen Nimbus ver-
herrlicht wird. Kann man sich darüber wundern. dass die
Spanier. abgesehen von dem schon erwähnten Hang zur
Thierquälerei, von keiner anderen Nation oder Rasse in
der Grausamkeit und Nachlässigkeit übertroffen werden, mit
welcher sie ihre Hausthiere. zumal die Reit- und Zugthiere
behandeln? soll man sich wundern. dass während des

letzten Karlistenkrieges Scheusslichkeiten verübt wurden, die man als in Europa längst unmöglich betrachtet hatte? Wird ein Spanier, der in Blutdurst und Blutdunst gross geworden ist, irgendwie zaudern, einem Mitmenschen in einem Augenblick der Erregung sein Messer in die Rippen zu stossen? Leider nimmt auch die Kirche, anstatt die jedem sittlichen Streben Hohn sprechenden Stiergefechte zu verbieten, dieselben unter ihren Schutz, trotzdem diese gerade als das Gift zu bezeichnen sind, welches das ganze spanische Volk zersetzt hat und täglich mehr zersetzt und dasselbe einer höheren Kulturentwicklung einfach unzugänglich gemacht hat. So lange *Pan y toros* zu den höchsten idealen und realen Gütern des Spaniers gehören, so lange kann Spanien nicht verlangen, den zivilisirten Staaten oder gar Grossmächten Europas zugerechnet zu werden.

Ich möchte — ich komme hierauf immer wieder zurück — es gerne dem Leser möglich machen, sich eine Vorstellung von der Rolle zu bilden, welche die Stiergefechte im Leben des Spaniers spielen: Alle Wände und Mauern sind voller Ankündigungen von Stiergefechten; die Zeitungsjungen rufen zu jeder Stunde des Tags oder der Nacht die vielfachen stiergefechtlichen Zeitungen aus; in den Cafés, auf der Strasse, im Theater, in den Klubs, auf der Eisenbahn oder auf dem Dampfer, beim Essen und beim Trinken — immer spricht der Spanier nur vom Stiergefecht!

Das kann den ruhigsten Menschen, dessen Wiege

nicht gerade in Andalusien stand, zur Verzweiflung
bringen. Oeffnet er eine Zeitung und denkt Nachrichten
aus Europa zu finden, so wird er mit langen Stiergefechts-
berichten oder Bulletins über das Befinden irgend eines
verwundeten Stierkämpfers abgespeist.

Als der schon mehrmals erwähnte Toreador Frascuelo
zu Ende vorigen Jahrs bei einem Stiergefecht in Madrid
verwundet wurde, war die ganze Stadt in Bestürzung.
Eine zahlreiche Menge belagerte fortwährend das Haus,
in welchem der Gefeierte wohnte. Mehr als 1500 Personen, darunter von Granden von Spanien 2 Herzöge.
8 Marquis. 11 Grafen, 2 Generäle, Deputirte, Senatoren,
reiche und arme Bürger schrieben sich bei dem Portier
ein, selbst die Königin-Regentin liess sich nach
dem Zustand des Verwundeten erkundigen, welch letzterer
die hohe Frau jedenfalls nicht mehr interessirte, wie
irgend ein verunglückter Seiltänzer oder Trapezkünstler.
Durch diese, anscheinend unwichtige That hat aber Ihre
Majestät mehr spanische Herzen erobert, wie es ihr
durch irgendwelche hochwichtige politische Handlung
jemals gelungen wäre. Die Aerzte, welche Frascuelo
behandelten, der sich trotz seiner schmerzhaften Wunden
sehr tapfer benahm — nur beim Anblick von Blut-
egeln schrie der Mann, dessen Muth in der Arena über
jeden Zweifel erhaben ist, laut auf — veröffentlichten
von 4 zu 4 Stunden Bulletins über sein Befinden und
das Haus war von Zeitungsreportern überfüllt. Frascuelo

erhielt nicht weniger wie 800 Beileidstelegramme. Die
Zeitungen gaben Sonder-Ausgaben heraus; „es ist ein
National-Ereigniss", sagten die Madrider Journale und
hatten damit vollkommen Recht.

Die Ankunft und Abreise der *Espadas* wird von den
Blättern der Hauptstadt und der Provinz eben so genau,
oder vielmehr noch viel genauer mitgetheilt, wie die von
hohen Nuntien und Diplomaten. Während Mazzantini
im vorigen Jahre in Cuba und Mexiko Gastvorstellungen
gab, meldeten täglich lange Kabeltelegramme genau die
Zahl der abgestochenen Stiere. Dass die Liebhaberei für
Stiergefechte die spanisch redenden Südamerikaner beinahe
in demselben Maasse beherrscht, wie die Spanier selbst, ist
schon bemerkt worden. Nach einer mir vorliegenden blut-
rothen Stiergefechts-Zeitung aus Mexiko, „La Muleta",
vom 19. Februar fanden dort an ein und demselben
Tage auf 3 verschiedenen Plazas *(Colon, Bucareli
und del Coliseo)* Stiergefechte statt! So weit ist man
selbst in Spanien noch nicht gekommen.

Dabei ist es aber interessant, zu sehen, dass sich
in den Kolonien eine Strömung gegen die Stiergefechte
Bahn zu brechen beginnt, wie ich denn überhaupt
mehrfach beobachtete, dass die Kultur des Mutterlands
Spanien heute von der seiner früheren Kolonien um ein
Bedeutendes übertroffen wird. So hat z. B. der gesetz-
gebende Körper des mexikanischen Staates Guanajuato
die Veranstaltung von Stiergefechten in jenem Staat kürzlich

verboten und auch der Repräsentantenkammer von Monte-
video ist von verschiedenen Abgeordneten das Gesuch
eingereicht worden, die Stiergefechte und Hahnenkämpfe in
Uruguay zu untersagen.

Dass Spanien, ebenso wie seine früheren Kolonien eine
starke Stiergefechtspresse besitzt, ist selbstverständlich.
Zumal an Gefechtstagen werden allerhand Blätter und
Blättchen, deren Titelblatt meist ein verendendes Pferd mit
aufgerissenem Bauch ziert, feilgeboten. Das gelesenste
dieser illustrirten Zeitungen ist jetzt die seit 6 Jahren in
Madrid erscheinende „Lidia" („Das Kampfspiel" oder tauro-
machisch-wissenschaftlich erklärt: *„el acto de jugar con los
toros en la plaza"*) die mit sehr geschickt gezeichneten Bildern
in Farbendruck ausgestattet ist und in einer Auflage von
über 20000 Exemplaren erscheint. Das Blatt ist durchaus
nicht billig; sein Verkauf bringt über 100000 Frcs. jährlich
ein. Diese „Lidia" ist heute ebenso bezeichnend für
Spanien wie etwa die zwei Mann der *Guardia civil* im
Dreimaster, die mit ihren geladenen Büchsen zur Staffage
eines jeden Bahnhofs gehören und jeden Eisenbahnzug be-
gleiten. Man findet die Bilder der „Lidia" nicht nur
über dem Tisch eines jeden Zeitungsverkäufers in ganz
Spanien aufgespannt, sondern jeder Handwerker hat sie
in seiner Werkstatt aufgeklebt, jeder Ladenbesitzer und
Kneipwirth ziert seine Gaststube damit, die Kinder schneiden
die Figuren aus und heften sie neben den Schutzheiligen
an die Wand, ja ich möchte beinahe sagen, dass ich in

kein Haus — und die Häuser sind bekanntlich fast alle offen — in Spanien hineingeblickt habe, in dem ich nicht eins dieser Lidia-Bilder gesehen hätte. Solche stiergefechtlichen Fachzeitungen sind nicht leicht zu lesen, denn sie wimmeln von Sport-Ausdrücken, die man als Fremder weder kennt, noch im Lexikon findet. Den mit andalusischen Provinzialismen durchsetzten Jargon *(„Xerje")* verstehen auch die Spanier selbst oft nicht; natürlich mangelt es aber nicht an Hülfs- und Lehrbüchern. Das erste Lexikon dieses Kauderwälsch erschien schon im Jahre 1609 in Barcelona. —

Es sei mir erlaubt, eben noch zwei Vorfälle, die ich während meiner letzten Reise in Spanien erlebte, kurz zu erwähnen:

Bei der Ankunft in Córdoba bemerkte ich zu meiner unangenehmsten Ueberraschung, dass mein Koffer während der Eisenbahnfahrt entweder im Gepäckwagen erbrochen worden war — ein Fall der in jenem gesegneten Lande täglich vorkommt — oder dass man wenigstens den Versuch hierzu gemacht hatte. denn beide Schlösser waren im Innern zerbrochen, so dass es mir nicht gelang, dieselben mit meinem Schlüssel zu öffnen. „Lassen Sie sofort einen Schlosser rufen," sage ich dem Wirth. „Heute einen Schlosser? Für kein Geld!" lautete die Antwort. „Warum?" — *„Hay toros señor!* Heute haben wir ja Stiergefechte!"

Ich hatte lange genug in spanischen Ländern gelebt, um diese Antwort, ohne mich über dieselbe irgendwie zu ärgern, einfach selbstverständlich zu finden. Ich sage also zum Wirth: „Gut, dann werde ich mir reine Wäsche kaufen müssen." „Kaufen?" ruft der aus. „Heute ist in ganz Córdoba kein Laden geöffnet, heute sind ja Stiergefechte!" —

Vierzehn Tage später, an einem Dienstag, warfen wir auf der Seereise von Cadiz nach Gibraltar, ganz gegen unser Programm, vor Algeciras Anker, um uns hier auf einen kleinen Dampfer, der uns in einer halben Stunde nach dem jenseits der Bai dicht vor uns liegenden Gibraltar bringen sollte, zu begeben. Nach einem der vielen nur in Spanien möglichen Gesetze darf dieses Uebersetzen nicht direkt auf dem Wasserwege geschehen, sondern die Reisenden müssen mit ihrem Gepäck an Land gerudert werden, sich mit ihrem Gepäck nach dem nicht allzu nahe gelegenen — die Gepäckträger müssen doch auch etwas verdienen! — Zollhaus verfügen, dort ihre Effekten untersuchen lassen und verzollen! Dann dürfen sie wieder Spaniens Boden verlassen und sich nach der gegenüberliegenden englischen Kolonie einschiffen.

Dass England dieser ebenso ungerechten wie einfältigen Bestimmung kein Ende macht, ist mir unbegreiflich.

Nun, auch wir werden mit unserm Gepäck an Land gerudert; wie die Harpyen stürzen die Träger auf uns zu. Ich beschliesse trotz alledem den Versuch, dieser lästigen Zollrevision zu entgehen. Mein Gepäck unter der Obhut eines Freundes zurücklassend, eile ich nach dem Zollhaus und finde dort auch einen verschlafenen Zollbeamten, der mich sehr höflich empfängt — höflich ist der Spanier bekanntlich immer und in keinem Lande kommt man mit Höflichkeit weiter wie in Spanien. Ich lasse den Unteroffizier sofort zum Lieutenant vorrücken, theile ihm mit, dass mein Freund ein hoher Diplomat sei, der allerdings das passende Feld zur Entwicklung einer vielversprechenden Thätigkeit noch nicht gefunden habe: dass ich selbst die Ehre hätte von Sr. Majestät Alfonso XII. mehrfach ausgezeichnet worden zu sein; dass ich im Uebrigen hoffte, dass es ihm und seiner hochverehrten Frau Gemahlin sowie den lieben Kleinen recht gut ginge u. s. w., wie man denn so in Spanien redet.

„Schon gut, schon gut" schmunzelt mein Freund, der die Absicht merkte, ohne verstimmt zu werden. „bringen Sie mit allen Ihren Freunden Ihr Gepäck ruhig an Bord. heute ist ausser mir doch kein Mensch im Zollhaus und ich selbst muss auch gleich weg, denn heute haben wir hier ja — Stiergefechte!"

Man kann sich denken, mit welch' vergnügten Gesichtern wir alsbald dem kleinen Dampfer zuruderten. „Wann geht's los nach Gibraltar?" ist unsere erste Frage. „Despues de los toros Caballero", „Wenn die Stiergefechte zu Ende sind!" — Cosas de España!*)

*) Dr. O. Baumann erzählt in seiner ausgezeichneten kleinen Schrift „Eine afrikanische Tropen-Insel" (Wien 1888) aus Sta. Isabel, der Hauptstadt von Fernando Pó: Es

Man muss nun, nachdem hier immer von Tausenden
und Zehntausenden von Zuschauern die Rede war, nicht
glauben, dass der Eintrittspreis zur Plaza ein niedriger
sei; im Gegentheil: Der billigste Platz kostet, soviel mir
bekannt ist, nirgendwo in Spanien weniger wie 2 Frcs.!
Das ist sehr viel Geld für ein Land, in welchem sonst
Alles so ausserordentlich wohlfeil ist wie in Spanien. In
den grossen Städten ist der geringste Preis noch höher. Die
besseren Plätze werden natürlich auch viel besser bezahlt
und bei festlichen Gelegenheiten hört man von fabelhaften
Preisen. Ich zahlte in Madrid für einen Platz, der etwa
einem Sitz im zweiten Rang unserer Theater entsprach,
bei einem ganz gewöhnlichen Stiergefecht 35 Frcs., in
Barcelona 12 Frcs. Schon im Jahre 1587 kostete dort der
billigste Platz 1 Peseta (Franc); 1659*) 2 Frcs.; 1832 in
Sevilla 1,25, jetzt 2,50 Frcs.

ist zweifellos, dass die spanischen Beamten hier kein
allzu beneidenswerthes Dasein führen. Ihre amtliche Be-
schäftigung ist minimal; ewig Cigaretten drehen, Mando-
line klimpern und Leiern auf einer alten Drehorgel wird
mit der Zeit entschieden eintönig. Originell war die
Antwort des spanischen Notars, dem ich mein Bedauern
über sein trauriges Leben ausdrückte: „Wir haben freilich
nicht viel zu essen und langweilen uns zu Tode, doch das
wäre Alles zu ertragen — *pero Señor. las corridas de toros,*
aber die Stiergefechte! Diese entbehren zu müssen, welch'
entsetzlicher Zustand!"

*) Journal du Voyage p. 151.

Der Spanier legt sich denn auch gern wochenlang die grössten Entbehrungen auf, um nur kein Stiergefecht zu versäumen. Er wird darben und hungern, betteln und stehlen, lügen und betrügen, ja selbst arbeiten, um die nöthigen Pesetas für einen Sonnenplatz im Zirkus zusammen zu bekommen. Er wird seine letzte Habe, selbst seine Frau und Töchter, sofern dieselben ihm nicht für eigene Rechnung zuvorgekommen sein sollten, verleihen, verpfänden und verkaufen, nur um diese Leidenschaft befriedigen zu können.

Dass also auch in dieser Beziehung die Stiergefechte jeden anderen wie einen veredelnden Einfluss auf Jung- und Alt-Spanien ausüben, bedarf kaum noch der Erwähnung. —

Bei dem vollständigen Mangel an irgend welchen zuverlässigen Zahlenangaben ist es sehr schwer, sich eine mehr oder minder richtige und genaue Vorstellung von den Summen zu machen, die in Spanien jährlich für Stiergefechte ausgegeben werden.

Ich kenne 43 Orte in Spanien, in denen sich heute Amphitheater für Stiergefechte befinden; die wirkliche Zahl derselben ist aber ohne Zweifel eine bei weitem höhere. Auch die Zahl der Sitzplätze von 12 dieser Plazas, allerdings der grösseren, ist mir bekannt: 133 000*), ich greife also

---

*) Also durchschnittlich ca. 12 000 Plätze. Der Zirkus Renz in Berlin (Markthalle) fasst 6 500, das Hippodrome in Paris 6000 Zuschauer (das Colosseum in Rom zählte deren einst 87 000!).

sicherlich nicht zu hoch, wenn ich die Gesammtzahl der Zuschauerplätze für Stiergefechte in Spanien auf 250 000 schätze.

Die Gefechte beginnen jährlich in der Regel am Ostersonntag — fällt dieses Fest aber spät, so wartet man es nicht ab — und dauern mit einer kleinen Pause im Sommer in Südspanien und bei erhöhter Thätigkeit im Norden bis gegen Mitte oder Ende Oktober.

Die letzte *Temporada*, „Saison", in Madrid dauerte vom 10. April bis 17. Juli und vom 3. August bis 13. November.

Während dieser Zeit finden jeden Sonntag, in den grösseren Städten viel häufiger, an kleineren Orten nicht so oft Stiergefechte statt. Im Jahre 1866 zählte man deren 475 in ganz Spanien: 1886 in Madrid allein 28 (mit 181 getödteten Stieren); im Jahre 1887 34 Stiergefechte mit 217 getödteten Stieren und 372 getödteten Pferden!

Die drei besten Espadas Frascuelo, Lagartijo und Mazzantini traten im Jahre 1885 in 160 Stiergefechten auf und tödteten dabei ungefähr 1000 Stiere, kurz, ich weiss, dass ich durchaus nicht zu hoch greife, wenn ich behaupte, dass heutzutage in Spanien jährlich mindestens 500 Stierkämpfe ausgefochten werden. Diese 500 Stiergefechte sind, wie wir oben gesehen haben, von durchschnittlich 6000 Zuschauern besucht. Der niedrigste Preis eines Platzes ist, wie gesagt, 2 Frcs.; da aber der Sonnen-

plätze viel weniger sind wie der schattigen, und da die
Preise der besseren Plätze in riesigen Progressionen steigen,
so darf ich gewiss den Durchschnittspreis eines Platzes mit
3,50 Frcs. annehmen; damit kommen wir zu dem Ergebniss, dass von dem zuschauenden Publikum heute in
Spanien Zehn und eine halbe Million Franken
jährlich für Stiergefechte ausgegeben werden!

Bei den angeführten 500 Stiergefechten kommen mindestens 3000 Stiere und 4500 Pferde ums Leben; im Jahre
1866 waren es 2375 bezw. 3561. Der Durchschnittspreis
eines Stiers ist sehr schwer zu bestimmen: im Allgemeinen
schwankt der Werth zwischen 700 und 2500 Franken:
zuweilen aber werden, je nach dem Ruf des „Gestüts"
oder nach der Anlage des Stiers viel höhere Preise gezahlt.

Die Pferde sind schwerlich mehr wie 30 oder 40 Franken
werth;*) sie wären überhaupt keinen Pfennig werth, wenn
man sie nicht an die Unternehmer der Stiergefechte verkaufen könnte. Sämmtliche Opfer der Stiergefechte
stellen also, wenn man den Stier zu dem mässigen
Satz von 800, und das Pferd zu 30 Franken rechnet.

*) In der Argentinischen Republik zahlte die Regierung
zur Zeit meines Aufenthalts dort für 4000 „Stuten", d. h.
Mähren, die sie jährlich als Tribut an die „Indianer" der
Südgrenze liefert, wogegen Letztere sich verpflichten, keine
Einfälle in Argentinisches Gebiet zu machen, je 3.20 M.
Die Pferde dienen den *Indios* zur Nahrung.

einen Werth von über 2½ Millionen Franken
jährlich dar.

Von obigen 10½ Millionen geht vorerst ein gewisser
Theil an die Hospitäler ab. Es ist mir, trotz verschiedener
Anfragen, leider nicht gelungen, Zuverlässiges über die
Summen, welche die Hospitäler in Spanien jährlich durch
die Stiergefechte einnehmen, zu erfahren. Nach Maass-
gabe der Abgabe von 20 000 Francs der Madrider *Plaza*
glaube ich annehmen zu dürfen, dass wohl 5 Millionen
für diesen wohlthätigen Zweck, der bekanntlich die Mittel
heiligt, zusammenkommen: Man quält gesunde Menschen
und Thiere zu Tode, lässt andere Menschen für dieses
Schauspiel bezahlen und verwendet das so gewonnene
Geld dazu, kranke Menschen (vielleicht auch Thiere)
wiederum gesund zu machen.

Die Gesellschaft *„El Gran Pensamiento"*, „Der Grosse
Gedanke", in Madrid, deren edler Zweck „im Belohnen
der Tugend und der Arbeit" besteht, veranstaltet jedes
Jahr Stiergefechte und zwar, wie heuer mit 10 Stieren
à muerte, um ihre kranken Mitglieder unterstützen und ihre
„Lehrstühle" unterhalten zu können. Eine spanische Zeitung
bemerkt hierzu: „Wenn nun während des Stiergefechts
Leute verwundet oder getödtet werden sollten, so wird
wohl „Der Grosse Gedanke" von seinen Lehrstühlen herab
Vorträge zu Gunsten der Stiergefechte halten lassen."

Die allgemeinen Unkosten eines jeden Stiergefechts

sind, abgesehen von den schon berechneten Ausgaben für Stiere und Pferde, sehr beträchtliche.

Ein guter Espada ist gerade so theuer wie ein berühmter Heldentenor bei uns.

Frascuelo war kurz vor seiner Verwundung für 400 000 Francs nebst freier Reise für 16 Personen nach Mexiko geworben worden. Mazzantini bekam ebendaselbst 300 000 Francs für 3 Stiergefechte, was das Publikum, wie oben erwähnt, allerdings nicht hinderte, ihn wegen eines schlechten Stosses mit Stühlen und Bänken zu bewerfen. Currito, ein Espada 2. Klasse, war für den letzten Winter für 90000 Francs nach Habana geworben. Lagartijo bekam im vergangenen Jahre in Valencia für jedes Stiergefecht 6000, in San Sebastian 9000 Francs,*) musste dafür aber einen Theil der *Cuadrilla* stellen. Frascuelo erhielt in der letzten Saison für 76 Stiergefechte, die er ausfocht, durchschnittlich 4750 (macht im Ganzen 361 000); Lagartijo 5625 Franken.**)

Im Allgemeinen erhalten der Espada mit dem *Sobresaliente*, die meist mit einander abwechseln, je 1500; jeder der Banderilleros 375; jeder Picador 500; jeder Chulo 100 Franken für jedes Stiergefecht; hierzu kommen nun, abgesehen von allen möglichen Nebenkosten, die Ausgaben für Stiere und Pferde, so dass man die Generalunkosten eines jeden Stiergefechts auf m i n d e s t e n s

*) Lidia 1887. N. 22.
**) Lidia N. 32 und 34 p. 4.

10 000 Franken berechnen kann. Diese Summe mit 500, der angenommenen Zahl für die jährlichen Stiergefechte — ich betone nochmals, dass ich überzeugt bin, dass alle Zahlen, die ich angebe, von der Wirklichkeit ganz bedeutend übertroffen werden — multiplizirt, giebt wieder die Zahl von 5 Millionen, welche mit den an die Hospitäler abfliessenden 5 Millionen unsere ersigenannte Zahl von 10,5 (nebst dem Gewinn der Unternehmer) Millionen so nahe erreicht, dass meine Rechnung als solche wohl auf Richtigkeit Anspruch machen kann. Wir gelangen also zu dem Ergebniss, dass in einem armen Lande wie Spanien, das in seinem Voranschlag vom Jahre 1886/87 einen Fehlbetrag von 100 Millionen Franken aufwies, jährlich über 15,5 Millionen Franken für diese zwecklosen, unedelen, das Volk höchstens verderbenden und verrohenden Schaustellungen ausgegeben werden. —

Die Espadas bringen es selten zu grossen Vermögen; die meisten verjubeln ihren Verdienst eben so rasch, wie sie ihn gewonnen: da ist ihnen kein Viererzug zu prächtig, kein Wein zu gut und kein Weib zu theuer — wissen sie doch, dass der nächste Stier ihrer ganzen Herrlichkeit ein Ende machen kann. Eines natürlichen Todes sind wohl nur wenige derselben gestorben. —

Die von Spaniern häufig vorgebrachte Behauptung, dass die Landwirthschaft aus den Stiergefechten Vortheil ziehe, dürfte auf schwachen Füssen stehen. Die hohen

Preise, die für die Stiere bezahlt werden, kommen nur einigen wenigen Grossgrundbesitzern zu Gute. Der gewöhnliche Bauer und Landwirth verdient hierdurch ebensowenig wie etwa der englische oder deutsche Landwirth durch die Fancypreise, die für gewisse Rennpferde gezahlt werden. Letztere können wenigstens später noch zur Zucht verwendet werden; von den Stieren werden aber gerade die besten auf der Plaza erstochen.

Wenn zum Schluss ein zusammenfassendes Urtheil über die spanischen Stiergefechte ausgesprochen werden soll, so darf vor Allem nicht verschwiegen werden, dass auch der Deutsche — abgesehen von den Massenmorden zusammengetriebener Rehe, Hasen und Fasanen — seine Fuchs-, Sau- und Hirschhetzen hat; von den brutalen Faustkämpfen der Engländer gar nicht zu reden. Wir wären gewiss die Letzten, die ein Wort gegen irgend einen Sport oder gegen sonstige ritterliche Uebungen äussern wollten. Der Mensch ist einmal Herr der Schöpfung und wenn er allerhand Raub- oder sonstiges Gethier, sei es zu seinem Vergnügen vernichtet, sei es auch nur, um dasselbe als Sieger im *Struggle for life* zu — verzehren, so werden wir nicht dagegen zu predigen versuchen.

Ueber die Stiergefechte als solche ist darum auch in vorstehenden Zeilen durchaus nicht der Stab gebrochen worden, sondern nur über die Missbräuche, die sich bei

denselben entwickelt haben: über die erbärmliche Pferde-
und die übertriebene Stierquälerei.

Wir · haben den Muth der Leute anerkannt, die dem
Stier in der Arena entgegentreten — das rohe und syste-
matische zu Tode Quälen der Pferde aber können wir
nur aufs Schärfste verdammen.

Die Stiergefechte, so wie sie heute sind, ge-
reichen Spanien nicht zur Ehre. Auch Deutschland
und mit ihm das übrige Europa hat einmal eine Periode
durchgemacht, während welcher die Lust des Pöbels nach
Blut und brennendem Fleisch befriedigt wurde. Diese
Zeiten liegen aber glücklicher Weise hinter uns. Nur
mit Erröthen denken wir an dieselbe, während deren
alle die rohen, unmenschlichen Instinkte, die in eines
jeden Sterblichen Brust schlummern, die aber mit allen
Mitteln der Moral und Religion unterdrückt und erstickt
werden sollen, Orgien feierten, zurück; Spanien aber hat
mit der fortschreitenden Kultur nicht gleichen Tritt behalten
— und zwar durchaus nicht in dieser einen Beziehung
allein.

Jedem Kenner Spaniens und der spanischen Verhält-
nisse konnte die Nachricht, dass Spanien sich anschicke
im Rathe der Grossmächte Europas eine Stimme zu beanspruchen, und nicht übel Lust habe, die Erbschaft des
Herrschers von Marokko anzutreten, höchstens ein Lächeln
abnöthigen.

Wenn Spanien glaubt, durch die wenigen Federstriche,

durch welche es bisherige Gesandten plötzlich zu Bot-
schaftern vorrücken liess und durch die Paar goldenen
Litzen mehr, welche diese Herren sich nun auf ihren Frack
nähen lassen dürfen, plötzlich eine europäische Grossmacht
geworden zu sein, so irrt es sich gewaltig und kann noch
gewaltige Enttäuschungen erleben.

Ein Land, in welchem gewerbmässig betriebene Thierquälerei die einzige Nationalbelustigung bildet oder vielmehr überhaupt als einzig National-Charakteristisches zu
bezeichnen ist, kann noch nicht beanspruchen, zu den
modernen Kulturländern oder Grossmächten Europa's ge-
rechnet zu werden. — *Le falta mucho todavia!*